꿈은 키우고 생각은 넓혀라

꿈은 키우고 생각은 넓혀라

리더의 커뮤니케이션

강인수 지음

밀라그로

머리말

남아프리카 공화국의 전 대통령 넬슨 만델라는 프랑스의 소설가이자 반식민운동과 중국 혁명운동, 반나치스 운동에 참여한 앙드레 말로를 “이 세상에서 보기 드문 성숙한 인간”이라고 추켜세웠던 위인으로 도덕적 원칙과 용기로 시대의 정신에 부응한 사람이었다.

그는 자유, 민주주의, 정의, 평등, 평화의 주제어를 통해 인류의 보편적 가치를 실현하고자 전 생애를 바쳤다고 해도 과언이 아니다. 20세기 세계사의 모순과 불평등을 향해 언행일치로 민주적 가치관을 널리 피력한 그는 민주주의를 갈망하며 차별에 항거하는 뜨거운 메시지로 인류의 가슴을 두고두고 울렸다.

이로써 우리는 넬슨 만델라로부터 커뮤니케이션(의사소통, communication)의 힘이 리더십을 결정한다는 사실과 리더의

폭넓은 사고와 꿈은 곧 현실이 될 수 있음을 깨달을 수 있다.

현대 사회에서 기업이나 단체를 이끄는 리더로서 '커뮤니케이션'은 필수적이라고 할 것이다. 좀 더 강하게 피력하자면, 커뮤니케이션을 잘하지 못하는 리더는 리더로서의 자질이 없다고 단언한다. 커뮤니케이션 없이 리더십을 발휘한다는 것은 거의 불가능하기 때문이다. 따라서 커뮤니케이션이 잘되지 않는다면 리더의 길을 포기해야만 한다. 뿐만 아니라 당장의 현실에 급급해 깊은 사고와 통찰, 직관력, 그리고 목표의식이 없다면 이 역시 리더로서의 자질을 의심하지 않을 수 없다.

따라서 리더의 커뮤니케이션과 미래를 바라보는 안목, 열린 마음의 사색은 선택의 문제가 아니라 반드시 갖추어야 하는 필수불가결한 것이다. 그럼에도 불구하고 현실적으로는 커뮤니케이션을 잘하고 구성원들에게 꿈을 심어주며 폭넓은 생각을 갖도록 독려하는 리더는 많지 않다. 그렇기 때문에 리더의 꿈과 사고, 그리고 커뮤니케이션은 기본을 쌓는 것에서 출발해야 한다.

기본이 전혀 갖추어지지 않은 상태에서 구성원들에게 자신을 따르라고 하는 것은 리더의 본문을 망각한 것이다. 시간이 걸리더라도 정도를 가야 단단해진다.

깊고도 폭넓은 사고를 지니게 되면 당연히 열린 마음이 된다. 이 열린 마음으로 당당하게 자신의 의사를 표현하며 자신의 의사를 명확히 전달해 구성원과 목표를 달성하는 것이 리더십의 기본이다. 조직의 구성원이 리더가 무슨 생각을 하는지, 또는 명확한 목표의식을 알아차리지 못하면 추측이 난무하고 혼선이 초래된다. 자칫 조직의 불필요한 낭비요인이 되기도 한다. 따라서 리더는 학습과 사색, 커뮤니케이션을 통해 명쾌한 메시지를 전달해야 한다. 단지 요약본을 통하여 지식을 취득하거나 사색하지 않으면 리더십의 자질이 떨어지게 마련이다. 리더의 넓은 사고와 커뮤니케이션은 조직의 활력을 불러일으키고 목표 달성을 용이하게 한다.

이 책은 독자들에게 리더십의 기교를 제시하지는 않는다. 그렇지만 주어진 사례를 읽으면서 자연스럽게 느끼기를 기대한다. 그리하여 자신의 마음과 머리에 자리하도록 해야 한다. 책에 있는 사례를 보고 예화를 읽으면서 콘텐츠의 진정한 맛을 느끼도록 하였다.

리더십의 커뮤니케이션은 짧은 시간에 도달할 수 없다. 그렇다고 시작하지 않는다면 아무것도 이룰 수 없다. 리더에게 갈팡질팡 행보는 치명적이며 나아가야 할 때에 주저하고 망설이는 것은 리더로서 부적격이다.

"시작과 창조의 모든 행동에는 한 가지 기본적인 진리가 있다. 그것은 우리가 진정으로 하겠다는 결단을 내린 순간, 그때부터 하늘도 움직이기 시작한다는 것이다."

괴테의 말이다. 결단의 시점에서는 외로움과 두려움을 벗어나야 한다. 진정한 결단을 내리는 순간이 오면, 하늘도 드디어 움직이기 시작한다. 이제 '꿈은 키우고 생각은 넓혀라'를 통해 드넓은 세상으로 발걸음을 내딛기 바란다.

더없이 존경하는 부모님과 사랑하는 가족 그리고 지인들께 가슴으로 감사드린다.

2017년 10월

강인수

C o n t e n t s

서문 100세 시대
- 평생 현역

제1장 리더의 정신과 기본
- 겸허함과 진실

제2장 리더의 진정성
- 칭찬과 격려

제3장 리더의 긍정 마인드
- 통찰력과 소통

제6장 꿈은 키우고 생각은 넓혀라
– 혁신과 직관

START

서문

100세 시대

- 평생 현역 -

1

100세 장수 시대

인류가 오랫동안 꿈꿔왔던 '100세 장수 시대'가 열리고 있다. 인간게놈 프로젝트(Human Genome Project, HGP)가 생로병사의 비밀을 연구하면서 본격적으로 성과를 내면 인간 수명은 더욱 빠르게 증가할 것이다. 이와 관련하여 세계 최대 인터넷 기업 구글이 암을 비롯하여 심근경색증, 뇌졸중 등을 현재보다 훨씬 더 빠른 단계에서 진단할 수 있는 기술 개발에 착수했다는 소식도 들린다.

월스트리트저널 디지털컨퍼런스 자료에 따르면, 구글에서는 나노 물질인 알약을 개발 중이고 이를 복용하면 혈관 안에 순환하면서 암 종양 세포를 탐색할 수 있다고 한다. 또한 손목에 부착하는 센서에서 질환이 생긴 세포를 발견하는 등의 미세한 변화를 감지하는 조기경보 시스템도 함께 구축하고 있다고 부연했다. 조기 진단이 가능한 알약이 성공적으로 개발된다면 앞으로는 매일 알약을 복용하여 간편하게 건강 상태를 파악할 수 있기에 질병의 조기진단과 치료에 결정적 기여를 할 것으로 보인다.

평균수명의 증가는 이에 상응하는 체계적인 준비를 요구한다. 그렇지 않을 경우 장수는 개인적으로도 사회적으로도 재앙이 된다.

그렇다면 어떻게 준비해야 하는가. 이와 관련하여 요즘 가장 각광받는 연구소가 있다. NH투자증권이 설립한 '100세시대연구소' 다. 증권사, 은행에 경제연구소가 있는 것은 당연해 보이지만 '100세시대연구소' 라는 다소 생소한 이름이 등장한 것은 처음이다. 하지만 이는 탁월한 선택이라고 본다. 이제 100세 시대 연구는 NH투자증권이 브랜드를 선점했다고 본다. 예전 미래에셋증권이 설립한 '투자교육연구소' 이후에 매우 신선하고 꼭 필요한 연구소라고 생각한다.

NH투자증권은 장수시대와 고령화 추세 속에서 부담으로 작용하는 은퇴준비를 '100세 시대' 라는 밝고 긍정적인 이미지로 변화시켰다.

이제 고령화는 더 이상 예측의 영역이 아닌 실생활에 깊이 파고드는 핵심주제다. 따라서 100세시대연구소도 고민의 영역에 머무르는 것이 아니라 고객에게 구체적이고 실질적인 노후설계를 지원하는 역할을 해줄 것으로 기대한다. 연구소는 기존 서구식 은퇴 개념에서 벗어나 한국적인 관점에서 은퇴와 일에 대한 재해석이 필요하다며 앞으로도 고령화, 100세 시대의 다양한 현상에 대해 실질적인 대안을 제시해 나갈 것이라고 한다.

통계청의 '2014년 생명표'에 따르면 그해 출생한 남아의 기대수명은 79년, 여아는 85.5년으로 여자가 6.5년 더 오래 살 것으로 조사됐다. 2013년에 비해 남자는 0.5년, 여자는 0.4년 기대수명이 증가한 것이다. '기대수명'은 질병과 사고 등을 감안해 예상되는 평균 수명을 말한다. 10년 전인 2004년과 비교하면 남자는 4.5년, 여자는 4.1년 늘었고, 1970년과 비교하면 남자는 20.3년, 여자는 19.9년으로 크게 증가했다.

한국의 베이비붐 세대(Baby boomer, 1955~1963년생)들은 기대수명의 증가속도를 고려하면 대부분 90세를 넘어서까지 살 것으로 예상된다. 이러한 시대적 흐름을 맞아 '수명 100세 시대'라는 용어가 등장했다. '수명 100세 시대'로 표현되는 건강장수 시대의 개막은 삶의 방식에 큰 변화를 가져오고 있다.

선진국에서는 오래전부터 '제2의 인생, 제2의 경력'이라는 말이 유행하고 있다. 한국에서는 이를 '이모작 인생'이라는 말로 표현하고 있다.

이모작 인생을 사는 것이 일반화되면 우리가 그동안 가지고 있던 직업관은 앞으로 크게 바뀌게 된다. 직업은 평생 하나만 가지는 것이 아니라, 개인의 능력에 따라 얼마든지 또 가질 수 있다.

'수명 100세 시대' 에서는 생애주기를 청년기, 중년기, 장년기, 노년기로 나누어 삶의 목표를 세우고, 그 목표를 실현해가는 '인생설계(life planning)' 를 잘 짜야 한다. 임기응변으로 살기에는 인생이 너무 길고, 경제적 사회적 환경이 너무 어렵기 때문이다. 물론 평소 이모작 인생을 착실히 준비해온 사람들에게는 큰 문제가 되지 않는다. 그러나 아무 대책 없이 은퇴를 맞는 사람들은 무기력증에 빠질 수밖에 없다.

피터 드러커는 95세로 사망할 때까지 평생 현역으로 활동했다. 그가 93세 때 신문기자로부터 "당신은 평생 7개가 넘는 직업을 가졌고, 교수로만 40년을 일했는데 인생의 전성기는 언제였는가?"라는 질문을 받았다. 그러자 그는 "내 전성기는 저술활동이 가장 활발했던 60대 후반이었다."고 대답했다. 드러커 교수의 사례를 보면, 수명 100세 시대에는 최초의 직업에서 큰 성공을 하지 못했더라도, 학습과 사색으로 밀도 있는 삶을 추구한다면 다음 직업에서 성공할 수 있다는 생각이 든다. 다만 잘 준비된 인생설계에 달렸다고 본다. 그는 평생 지적으로 충만했고 평생 강단에 섰으며, 평생에 걸쳐 '지적 리더' 의 길을 걸었고 현대사에 빛나는 발자취를 남겼다.

2

지적 노인의 기준

1861년 빌헬름 1세가 프로이센 왕위에 오르면서 독일의 통일 과업이 시작되었다. 그는 비스마르크를 수상으로, 몰트케를 참모총장으로 임명하였다. 빌헬름 1세가 군비 확장 문제로 의회와 대립하고 있을 때, 비스마르크는 의회에 출석하여 군비 확장 없이는 독일의 통일이 불가능하다는 것을 잘 알아야 한다고 다음과 같이 역설하였다. 이른바 '철혈(blood and iron, 鐵血) 정책'이었다.

"독일이 기대하고 있는 것은 프로이센의 자유주의가 아니라 그 실력입니다. 프로이센의 국경은 건전한 국가 생활을 하기에 합당하지 못합니다. 당면한 큰 문제는 언론이나 다수결에 의해서가 아니라, 철(鐵)과 피(血)에 의해서만 해결되는 것입니다."

어릴 때 세계위인전에서 읽은 비스마르크의 일대기는 다이내믹하고 감동적이었다. 술수에 능하고 재는 스타일의 리더는 좋아하지 않는다. 그래서 비스마르크의 박력 있는 캐릭터는 마음에 꼭 들었다. 생각해 보면, 비스마르크는 초등학교 시절 1순위로 존경하는 사람이었다. 대다수 초등학생들이 링컨, 이순신, 세종대왕 등을 말할 때인데 나는 관점이 달랐다. '철혈 재상' 이라는 강한 이미지도 아직까지 생생하기만 하다. 그는 목표와 이상을 세우고 이를 달성하기 위하여 냉철한 머리로 강력하게 추진한 명재상(名宰相)이었다.

강인한 정치적 이미지와는 다르게 비스마르크는 19세기 후반 세계 최초로 사회보험제도를 광범위하게 도입하였다. 비스마르크는 "근로자계층의 지지를 얻기 위해서, 바꾸어 말하면 국민들을 행복하게 만드는 것을 존재이유로 하는 국가 스스로의 의무를 다하면서, 국가 자체의 존립마저 위태롭게 할 수 있는 치안상태의 불안정을 방지하기 위해서 이를 도입한다."라고 정책의 취지를 설명하였다.

다음은 비스마르크의 제안을 받아 작성된, 빌헬름 1세의 의회교서다.

"도움을 필요로 하는 자를 더 잘 돌봐주는 것은 인간에 대한 의무이자 국가조직에 깃든 그리스도교의 의무다. 이는 국가를 유지하는 정책적 과제이기도 하다."

이것이 바로 동서고금을 떠나 정치집단이 문명에 기여하는 품격의 정체라는 생각이 든다.

비스마르크는 83세까지, 당시로서는 상당히 장수하였다. 그는 사회주의의 확산을 막기 위해 선제적으로 사회보험제도를 도입하면서, 노령연금을 받을 수 있는 나이를 65세로 정했다. 이후 미국과 UN에서도 이 기준을 받아들이면서 국제적으로 통용되었고, 국내에서도 자연스럽게 이를 적용하여 65세가 노인의 기준이 되었다.

비스마르크 시대의 독일인 평균 수명은 49세였다. 그러니 당시 연금 수령 기준을 65세로 잡은 것은 여유가 많았다. 한국의 경우에도 1970년 당시 기대수명이 61.9세였는데 2013년 기준으로 20세가 올라 81.9세가 되었다. 따라서 65세 이상을 노인으로 바라보는 시각도 자연스럽게 달라져야 한다. 기대수명이 늘면서 다른 나라들도 이런 고민을 계속하고 있고 공식 은퇴연령, 즉 연금을 받을 수 있는 연령을 계속 상향 조정해 왔다.

한국에서는 2016년 1월 1일, 60세 정년을 의무화하는 '정년 연장법(연령차별금지 및 고령자고용촉진법)이 시행되면서 공식 정년이 60세가 됐는데, OECD 34개국 평균은 이미 64.6세라고 한다.

최근 통계에 따르면 국내 근로자들의 평균 퇴직 연령이 52.6세다. 만약 노인 기준이 70세가 되면 그 사이에 '노인 빈곤'의 문제가 심각하게 대두된다. 더구나 우리나라 65세 이상 노인의 상대적 빈곤비율은 현재 OECD 국가 중 최악 수준이다. 더불어 세대 간 갈등 문제도 복잡하게 얽혀 재정 절감 효과만 보고 노인 기준의 상향을 성급하게 추진한다면 부작용이 아주 클 것이다.

경제적 관점에서 노인 기준을 바꾸는 것은 현실적 문제점을 안고 있지만, 지성적 관점에서는 달라져야 한다. 학습과 사색을 멈춘 사람은 나이와 관계없이 노인이나 마찬가지다. 끊임없이 지식을 습득하고 사색하며 나아가 이를 말과 글로 표현하는 기회를 스스로 가진다면 70세라고 하더라도 노인이 아니라 '정신적 청년' 이다.

그런데 젊은 시절에도 지적 연마를 하지 않는 사람은 문제다. 나이가 들어서 새삼스럽게 지적 활동에 나설 가능성이 거의 없기 때문이다. 지적 활동의 출발에는 나이 제한이 없다.

오늘부터라도 학습과 사색과 표현을 시작해야 한다. 지적 노인의 기준은 65세라는 법적 나이와는 전혀 다르다. 이제 바로 영원한 지적 청년의 길로 첫걸음을 디뎌야 한다. 특히 나이를 불문하고 리더의 길을 가고자 한다면 폭넓은 독서와 사색을 바탕으로 식견과 겸허함, 의사소통능력, 통찰력, 인격을 갖추어야 한다.

3

'알파 에이지' 시대

2060년이 되면, 40%의 인구가 생산가능인구가 아니라 보호대상인구가 될 것이라고 한다. 이는 앞으로 예상되는 사회갈등요인의 핵심이다.

수명연장속도에 대응하지 못하는 사회는 위태롭다. 수명이 증가할수록 자살률도 증가하는데 고독이 주요 원인이라고 한다. '100세 시대'를 넘어 '120세 시대'가 축복이 되고, 쇼크가 되지 않으려면 건강한 노년에 대한 진지한 성찰이 필요하다. 과학과 의료기술의 진보가 120세 시대를 앞당기지만 이것이 재앙의 부메랑으로 돌아오는 것을 막아야 한다. 늘어나는 수명만큼이나 사회 모습도 비약적으로 달라질 것이다. 120세 시대가 쇼크가 되지 않기 위한 조건은 무엇인가.

'명견만리(明見萬里)는 KBS 시사교양프로그램 제작진이 집필한 책으로 문재인 대통령이 감명 깊게 읽어 보았다는 베스트셀러다. 필자 역시 2016년 어느 날, 책이 아닌 TV로 그 프로그램을 보았다. 다큐멘터리 영상으로 보여주고, 대중적 인지도가 높은 강연자가 등장해 이 영상을 프레젠테이션 한다. 이 프로그램은 강연과 다큐멘터리가 결합한 것으로 '렉처멘터리(Lecturmentary)' 라고 부른다. 공영성을 강조하되 계도성으로 치우치지 않는 쌍방향 프로그램이다. '명견만리' 는 만리 밖의 일을 환하게 살펴서 분명하게 알고 있다는 뜻으로 관찰력, 판단력, 통찰력 등이 뛰어남을 비유하는 말이다.

이번 프로그램은 '120세 시대 쇼크, 알파 에이지(Alpha age)시대가 온다' 라는 제목이다. 주요 내용으로는, 장수하는 사람이 많은 일본의 사례를 알아보고, 105세 이상 장수 노인들이 질병을 극복한 요인, 장수 노인의 줄기세포 연구를 통한 장수 유전자의 규명 등이다. 또한 세계 최대의 인터넷 기업 구글이 하는 노화연구도 다루었다. 구글은 죽음을 정복하겠다고 선언했고, 현재 실리콘밸리에서는 노화를 지연시키고, 생명을 연장하는 연구가 붐을 이루고 있다.

실제로 명견만리 제작진은 세계적 미래학자, 생명과학자들에게 과연 120세 시대가 언제 올지 설문조사를 진행했다. 학자들은 적게는 15년에서 많게는 80년 사이에 120세 시대가 열릴 것이며, 2천 년 이후에 태어난 사람들은 120세까지 살게 될 것이라고 예측했다.

장수 엘리트 유전자는 일반인에게도 적용 가능할 것인가.

한국인의 사망원인 1위인 암은 120세 시대를 위해 넘어야 할 산이다. 최근 유선자 분석과 빅데이터(Big data) 기술로 암 치료의 패러다임이 바뀌고 있다. 개인별로 암을 일으킨 수많은 돌연변이와 표적치료제를 매칭하는 빅데이터 기술은 맞춤형 암 치료를 가능하게 한다. 또한 나노로봇(Nano robot) 기술이 현실화되고 있기 때문에 2030년에는 암 정복이 가능해질 것이라는 예측도 있다.

100세 시대를 넘어 120세 시대의 도래는 축복인가 재앙인가, 아니면 쇼크인가. 우리의 의지와 상관없이 기대 수명은 늘어난다. 따라서 알파 에이지는 개인적 문제가 아니라 일자리, 세대 갈등, 연금 고갈, 의료 시스템 등 사회 전반에 영향을 끼치는 중요한 화두다. 만약 알파 에이지에 맞는 패러다임을 미리 준비하지 않는다면, 인간이 오랫동안 꿈꿔왔던 수명 연장의 꿈은 악몽이 될지도 모른다.

과학기술과 의료기술이 급속히 발전하면서 피할 수 없는 자연의 순리로 여겨졌던 노화현상에 대한 시각이 많이 변했다. 특정 나이 이상을 살 수 없다는 상식이 깨지고 있는 것이다. 그리하여 점점 가까워지고 있는 '인간 수명 120세 시대'는 함께 생각해야 하는, 모두의 주제다.

구약성서에 따르면, 최장수자는 '므두셀라(Methuselah)' 이며 무려 969세까지 살았다고 한다. 여기서 유래된 '므두셀라

증후군(Methuselah syndrome)' 이라는 용어도 있다. 이는 추억을 아름다운 것으로 포장하여 나쁜 기억은 지우고 좋은 기억만 남겨두려는 심리를 의미한다. 일종의 현실 도피심리인 셈이다.

1677년에 중국 사천성에서 태어난 이청운(1677~1933)은 어려서부터 부모와 함께 깊은 산중에서 살며 약초를 캐고 장수비결을 수련했다고 알려져 있다. 1827년에는 청나라 황실에서 150세 생일을 축하한다는 공식문서를 만들었다고 하는데, 그는 23명의 부인과 사별하고 200여 명의 자손을 두었고 256세까지 살았다고 한다.

최근의 최고령 기록은 프랑스의 잔 칼망(Jeanne Louise Calment, 1875~1997)으로 122세까지 살았다. 그에게 좋아하는 음식을 묻자 "올리브 오일과 붉은 포도주 그리고 미소"라고 대답하여 화제가 되었다.

세계적으로 장수하는 사례는 크게 늘어나는데, 과연 100세 시대를 넘어 120세 시대가 쇼크가 아니라 축복이 되려면 어떻게 해야 하는가. 이제는 인류 공동의 과제로 등장하였다.

4

행복한 미래는 '평생 현역'에 있다

축구 경기에는 '하프타임(halftime)'이 있다. 전반전을 뛴 선수들이 15분 이내에서 휴식을 가지면서 후반전을 어떻게 뛸 것인지 작전을 협의하는 시간이다. 전반전에 밀리던 팀이 하프타임 후에 새로운 팀으로 변신해 경기를 뒤집는 것을 우리는 자주 본다. 그래서 축구 경기는 전반전이 아니라 후반전에서 판가름 난다는 말도 있다.

인생 마라톤에도 하프타임이 있다. 우리의 기대수명을 90세로 본다면 50세 전후가 해당될 것이다. 30~40년가량 남은 인생의 후반전은 새로운 삶을 살기에 충분한 기간이다. 하프타임을 이용하여 전반전에서 저지른 실수를 되짚어보고 새 기술을 연마한 사람은 후반전에서 '인생 역전'을 기대할 수 있다.

현대 사회는 이미 공부하고 취업하고 은퇴하던 시대에서 은퇴 후 재취업하는 새로운 시대로 진입했다. '일회성 삶' 의 방식에서 '순환형 삶' 의 방식으로 변한 것이다.

인간은 대다수가 생각보다는 오래 살 것이고 앞으로 '깜짝 놀랄' 정도로 오래 살 수도 있다. 이처럼 100세 시대는 열렸지만 '건강한 100세 시대' 는 모두에게 주어지는 것이 아니다. 신체 건강, 정신 건강, 재무 건강, 지적 건강 등 각 부문별로 건강 100세 시대를 준비해야 한다. 행복한 미래를 위해서는 '평생 현역' 이라는 마음을 먹고 실질적으로 이를 실천하면서 살아가야 한다.

2015년 6월 20일, MBN 프로그램 '동치미' 에서는 김형석 연세대 명예 교수가 100세 시대의 문제에 대해 강의하는 내용이 방송되었다.

1920년에 출생한 만 95세 나이임에도 여전히 "일하고 싶다."는 그는 정확한 발음, 꼿꼿한 자세로 강의에 임하며 100세를 앞둔 인간의 가능성을 보여주었다. 그의 강의를 직접 들으면서 '저술에는 나이 제한이 없고, 강의에도 나이 제한이 없다.' 는 확신이 들었다.

그는 먼저 100세 시대의 문제로 스트레스를 지적했다. 그는 요즘도 거의 닷새 연속으로 강연이 잡혀 있고, 계속 강의를 할 수 있는 이유는 철저한 준비 덕분이라고 한다. 일주일 전에 준비를 다 해놓고 시간이 되면 조금씩 정리한다고 말한다. 철저하기 때문에 강연이 많아도 스트레스를 덜 받는다는 것이다. 반대로 여유롭게 준비하지 않으면 스트레스 때문에 자기 유지가 힘들다고 이야기했다. 그는 마음대로 되는 것은 아니지만, 일할 수 있고 다른 사람에게 작은 도움이라도 줄 수 있을 때까지 살면 좋겠다고 말했다.

또한 오래 살기를 바라기보다는 오래 일하기를 바라고, 삶의 보람을 타인에게 도움을 주는 데서 찾는다고 했다. 그는 정신적으로는 상위층에 속하되 경제적으로는 중산층이 행복하다고 덧붙였다. 나아가 나이를 먹고 외적인 모습은 변해가더라도 정신적 행복감을 가질 수 있도록 사회에 대한 책임을 가지는 것이 중요하다고 말했다.

한편 그는 노년의 고민이 '건강, 경제, 고독함' 이라고 말하며 특히 부부 싸움을 하더라도 같이 싸우는 것이니 행복하다고 이야기했다. 그는 말한다.

"노인 인구 중에 90세 이상까지 살고 싶은 사람은 단 18%에 불과하다. 실제 주변의 90세 이상 노인들을 보면 몸이 아픈 경우가 많고 사회에서 푸대접을 받는 것이 현실이다. 오래 살기 위해서는 건강, 경제적 능력, 친구가 필요하다. 하지만 친구를 너무 가까이 할 필요는 없다. 친구들이 하나 둘 먼저 떠나가게 되면 상심하여 몸과 마음이 약해지기 때문이다. 친구를 가까이 하고 싶다면 친구를 잃는 슬픔까지도 이겨낼 줄 알아야 한다."

100세 시대를 넘어 120세 시대, 행복한 미래는 '평생 현역'에 있다. 이제 '평생 현역'은 어떻게 가능한지가 대다수에게 주된 관심사가 되었다.

그러나 평생현역의 개념을 어떻게 설정하느냐에 따라 그 실천방법은 많이 달라질 것이다. 육체노동의 부문을 오래 가져가기에는 제약이 존재하기에, 아무래도 정신노동의 부문에서 가능성을 찾는 것이 더욱 현실적이다. 무엇보다 나이와 무관하게 학습과 사색을 멀리하지 않는 것이 중요하다. 지적 연마를 쉬지 않는다면 김형석 교수처럼 100세가 되더라도 저술할 수 있고, 콘텐츠 커뮤니케이션 능력을 갖추어 강연할 수도 있다. 현재 저술 경험이 없고 강연 경험이 없는 사람이라도 지금부터 시작하면 된다. 꿈과 목표를 설정하고 실천할 용기가 있으면 나이가 이를 막을 수는 없다. 나이가 들수록 보람 있고 가치 있고 정신을 자각하게 하는 활동이 바람직하다. 재무적 부담을 느낄 필요도 없다. 나의 기쁨과 함께 타인에게도 기쁨을 줄 수 있다.

따라서 지적 연마를 통하여 '지적 평생 현역'의 길을 가기를 바란다. 저술이든 강연이든 방법은 다양하다. 목표와 의지와 실천의 문제가 있을 뿐이다.

자신의 이름으로 몇 권의 책을 저술한다면 매우 의미가 있을 것이다. 누구든지 100세 기념강연을 마치고 청중의 아쉬움과 함께 세상을 떠날 수 있다면 참으로 행복할 것이다. 이런 면에서 김형석 교수는 매우 닮고 싶은, 이 시대의 '아름다운 평생 현역' 이다.

그는 바로 연령을 초월하여 가능성을 실현하고 있는 '강연과 커뮤니케이션의 진정한 리더' 라고 생각한다. 지적 노인의 기준은 65세라는 법적 나이와는 다르다. 이제 나부터 지적 노인의 기준을 '100세' 로 올려야 한다.

제1장

리더의 정신과 기본

- 겸허함과 진실 -

1

‘동병상련’ 및 ‘솜씨와 정성’이 깃들어야 한다

“좋은 쌀, 좋은 콩
시절마다 알알이 여문 우리 쌀과 콩으로
고물과 고명은 직접 만들고, 팥소는 솥에 달이고 졸여
그날그날 새로 빚은 정성의 맛을 선보입니다”

‘신세계 떡방’의 슬로건이다. 서울 중구 회현동 소재 신세계백화점 본점이 2014년 8월, 식품관을 개보수하면서 떡 가게인 신세계 떡방을 입점시키며 지하 1층 같은 자리에 있던 스타벅스 매장을 뺐다. 관광객이 본점에 많이 몰리는 점을 감안해 한국 전통 먹거리 점포를 유치하고자 계열사 매장인 스타벅스까지 뺀 것이다.

신세계 떡방은 ‘동병상련(同病相憐)’과 ‘안정현 솜씨와 정성' 이라는 두 브랜드를 합쳐 구성됐다. 동병상련은 다양한 한식 디저트, 궁중 디저트를 판매하며, 궁중음식연구가 이수자, 박경미 양인이 대표로 있다.

'안정현 솜씨와 정성' 은 안정현 전통음식 전문가가 대표로 있으며, 소박하고 대중적인 전통 떡을 판다. 뜨끈한 떡을 바로 살 수 있도록 떡 나오는 시간도 정했다. 돌절구로 쳐서 만든 절구인절미와 나무 찜기에서 쪄낸 시루떡이 가장 인기가 높다고 한다.

여기서 갑자기 떡방 이야기를 하느냐 의문이 생기겠지만, 희한하게 커뮤니케이션의 요체를 정확히 집어내어 떡방 상호를 지었다는 생각이 들었다. 세상 이치가 무슨 일이든 솜씨와 정성이 가장 중요한 성공의 열쇠일 것이고, 인간관계의 질을 높이고 공감을 얻으려면 '동상이몽(同床異夢)' 이 아니라 '동병상련(同病相憐)' 의 태도가 기본이라고 생각한다.

커뮤니케이션이나 프레젠테이션의 경우에도 상대의 마음을 얻어야 한다. 처지가 같은 사람끼리 교감하거나 처지가 다소 다르더라도 같은 입장에 서보는 것은 인간관계를 윤택하게 만드는 가장 빠른 길이다. 동병상련은 갈등을 최소화시키는 태도이고 화합하는 최고의 방법이다.

커뮤니케이션에서 말솜씨가 중요함은 새삼 말할 것도 없다. 하지만 커뮤니케이션 테크니션이 아니라 내공이 있는 커뮤니케이션을 해야 한다. 커뮤니케이션에도 눈이 달렸다. 상대와 청중은 '정성' 을 금방 간파해낸다. 정성이 느껴지지 않는 커뮤니케이션은 소통이 아닐 뿐만 아니라 아무도 감동하지 않는다.

커뮤니케이션의 명장이 되는 과정은 오랜 기간 공을 들여야 한다. 신세계에서는 전통음식의 명인들을 2년간 설득하여 떡방을 만들었다고 한다.

칼 한 자루에 담금질, 연마질만 1,000번 이상을 하는 것처럼 커뮤니케이션을 잘하기 위해서는 깊고 넓은 지식의 습득, 문제의식으로 고민하는 사색, 사색의 결과물을 저장하는 충전 작업, 올바른 언어를 구사하는 방법의 체득, 풍부한 콘텐츠의 정리, 실전 커뮤니케이션의 다양한 경험, 실전 커뮤니케이션 이후의 피드백 과정 등이 오랜 기간 이루어져야 한다. 어느 분야든지 명인, 명장, 대가의 반열에 오르려면 땀과 열정의 지난한 과정을 거쳐야 하는 것처럼 커뮤니케이션의 명장도 정직하게 오랜 기간 땀을 흘리지 않고 기대하는 것은 올바른 자세가 아니다. 그래야만 사상누각(沙上樓閣)이 아니라 탄탄한 기반 위에 올라서는 것이다.

2

의미와 품격이 있는 메시지

국가대표 축구선수인 구자철은 2016년 3월 5일, 독일 분데스리가 아우크스부르크와 레버쿠젠전에서 전반 5분, 전반 44분, 후반 12분 무려 3골을 몰아쳤다. 그는 분데스리가에서는 물론 자신의 10년 프로선수 기간을 통틀어 첫 해트트릭의 감격을 누렸다. 구자철의 빼어난 활약에 대하여 독일 분데스리가 홈페이지에서는 “완벽한 위치 선정, 완벽한 타이밍, 냉정한 마무리를 하였다. 그는 영민한 재능을 보여줬다.”라고 호평하였다.

이 평가는 커뮤니케이션에서도 그대로 적용된다. 커뮤니케이션에서는 할 말과 안 할 말, 말할 때와 아닐 때, 말할 장소와 안 할 장소, 말할 대상과 아닌 대상을 구별해야 한다. 그리고 말의 깔끔한 마무리가 완벽한 커뮤니케이션의 기준이다. 축구 선수가 평소 훈련을 게을리한다면 실전에서 골을 넣을 수 없다. 하물며 해트트릭은 전혀 불가능하다. 축구든 커뮤니케이션이든 그 이치는 유사하다.

어느 시점에 어떤 장소에서 어떤 말을 어떤 사람에게 어떤 내용으로 잘하는 것은 현실적으로 쉽지 않다. 간단히 말을 하는 것이라면 크게 문제는 아니지만 의미가 있는 메시지를 표명하는 것은 생각을 필요로 한다. 평소 학습과 사색이 이루어지고 오랜 기간 준비되어 있어야 품격이 있는 메시지를 남길 수 있다.

3

움직일 때를 정확히 판단해야 한다

미래의 상황이 분명하지 않을 때 사람들의 심리를 조사해 보면 흥미로운 결과가 나온다고 한다. 이스라엘 행동연구학자 마이클 바엘리는 축구에서 페널티킥을 차는 선수와 골키퍼를 관찰했다. 마이클 바엘리에 따르면 월드컵, 유럽컵, 유럽챔피언스리그 경기의 286개 페널티킥을 분석한 결과 키커는 왼쪽, 가운데, 오른쪽의 세 방향을 거의 비슷한 비율로 선택했고, 골키퍼는 대부분 키커가 공을 차기 직전에 왼쪽 또는 오른쪽으로 ?몸을 날렸다고 한다. 즉 움직이지 않고 가운데를 지키는 골키퍼는 그리 많지 않았다고 한다.

왼쪽이든 오른쪽이든 골키퍼가 공의 방향을 맞추었다고 해도 실제 공을 막았던 경우는 25%에 불과했으며, 이에 비하여 움직이지 않고 가운데를 지켰던 경우에는 무려 60%나 골을 저지했다고 한다. 즉 골키퍼가 움직이지 않고 가운데 공만 막으면 방어율이 훨씬 높다는 것이다. 골키퍼가 움직였는데 방향이 달랐다면 운이 나쁜 것이다. 그런데 골키퍼가 움직이지 않고 중앙에 가만히 있었는데 왼쪽 구석으로 공이 들어갔다면 비판을 받는다.

왜 골키퍼들은 가만히 있지 못할까. 축구팬, 동료선수, 감독은 골키퍼가 몸값을 하여 움직이기를 바란다. 불확실한 상황에서는 가만히 기다리는 것이 유리한 경우가 많음에도 불구하고, 기다리는 고통을 참지 못하고 주위에서도 이를 용납하지 않기 때문이다. 가만히 있는 것보다는 뭐라도 하는 것이 여러 가지 이유로 마음이 편하기 때문이다. 이것을 '행동편향(行動偏向, Action bias)' 이라고 한다.

일상에서도 이런 현상은 나타난다. 상황이 불분명할수록 사람들은 뭔가를 하고 싶은 충동을 느낀다. 하지만 그럴수록 나아지는 것은 없고 상황은 더 나빠진다. 현재의 상황이 분명하지 않고 상황을 더 나은 쪽으로 당장 변화시킬 확신이 없다면 숨을 고르고 뒤로 물러나 가만히 있는 것이 남는 것이다. 산에서 길을 잃어버리면 그 자리에 가만히 있는 것이 유리한 것과 같은 이치다. 진정한 프로페셔널은 진짜 기회를 잡기 위해 때로는 덜 행동한다.

현대인의 상당수는 속도에 너무 예민하게 반응한다. 잠시라도 지체되고 기다리는 것을 참지 못해 조바심을 내는 것이다.

리더는 강박감에서 벗어나야 하며 움직일 때를 정확히 판단해야 한다. 영리한 리더는 때때로 상황을 지켜볼 수 있어야 하고 독촉하는 사람들을 설득하는 능력이 있어야 한다. 가만히 머물러 있어야 할 때와 나아가야 할 때를 아는 것은 리더에게 꼭 필요한 덕목이다.

4

리더의 심리와 대응능력

골키퍼의 심리와 관련하여 1971년 개봉된 '페널티킥을 맞은 골키퍼의 불안(Die Angst Des Tormannes Beim Elfmeter, 1971)' 이라는 영화가 있다. 여기서 'Elfmeter' 는 11미터로 페널티킥이나 승부차기를 말한다.

골키퍼 출신의 독일작가 페터 한트케의 소설을 세계적 감독 빔 벤더스가 영화로 만들었다. 제목을 보면 축구영화라고 생각할 수 있으나 실제 축구장면은 초반과 후반에 잠깐씩 나올 뿐이고, 2차 세계대전 이후 세대인 독일 청년들의 고독과 불안한 심리를 주제로 하는 영화다. 영화제목으로 쓰인 것처럼 페널티킥을 맞은 골키퍼의 불안한 심리는 위기상황에서 이를 극복해야 하는 리더의 심리상태와 매우 유사하다.

1976년, 4년마다 개최하는 국가대항전인 유럽축구선수권 대회 결승전의 장면이다.

2-2로 연장전을 마친 상황에서 체코와 서독은 결승전 사상 처음으로 승부차기에 돌입했다. 서독의 네 번째 키커가 실축하여 4:3의 상황. 이 운명의 상황에 등장한 체코의 파넨카가 빠르게 달려오는가 싶더니 갑자기 달려들던 속도를 줄이고는 가볍게 공의 밑동을 툭하고 찼다. 칩 샷(Chip shot)이었다. 왼쪽으로 힘차게 몸을 날렸던 골키퍼는 허공에서 사태를 판단하고는 풀썩 그라운드에 쓰러졌다가 힘없이 일어섰다.

파넨카는 골키퍼 정면을 노리고 느리지만 정교하게 상대의 허를 찌른 슛을 성공시켰고 우승을 견인했다. 이 경이적인 슛은 그의 이름을 따서 '파넨카 킥(Panenka kick)'이 되었다.

11미터를 사이에 두고 키커와 마주한 골키퍼. 공이 어느 방향으로 튈지 모르는 상황에서 골키퍼가 마주하게 되는 불안은 극에 달한다. 페널티킥은 슈팅하는 선수와 골키퍼의 짧지만 고독한 싸움이다. 누가 더 침착함을 오래 유지하느냐가 중요하다. 그것은 우리가 살아가면서 느끼는 삶의 불안과 닮았다.

최고 골키퍼들은 몇 가지 공통점이 있다. 탁월한 체격 조건, 냉철한 판단력, 카리스마, 과도한 긴장을 이겨내는 침착성, 키커와의 심리전에서 이겨내는 대응능력 등이 그것이다. 골라인 위에서는 특히 안정감과 침착성 그리고 반사 신경이 매우 중요하다. 축구역사를 보더라도 뛰어난 골키퍼들은 페널티킥을 맞아 환상적인 반사 신경과 곡예에 가까운 몸놀림으로 믿을 수 없는 선방을 했다.

나아가 현대 축구에서는 골키퍼에게 공격 능력, 즉 탁월한 위치 선정에 의해 상대 공격을 차단한 다음 재빠르게 공을 배급하여 역습을 이끌어내는 능력을 요구하고 있다. 위기상황을 극복하고 이를 기회로 반전시키는 리더의 심리와 대응능력은 실점이 우려되는 상황을 맞이한 골키퍼와 많이 닮았다. 이처럼 골키퍼에게 필요한 자질은 일반적으로 리더에게도 해당되는 것이다.

5

단순해야 한다

오랫동안 살아 있는 말, 사람들의 뇌리에 각인될 만한 강력한 메시지를 남기는 것은 모든 정치인, 작가, 기자들의 꿈이다. 문제는 그런 메시지를 남길 수 있는 방법이다.

리더의 메시지는 고객이나 직원들의 마음을 사로잡아 실제로 행동으로 연결되도록 해야 한다. 이런 수준의 메시지를 남기려면 상당한 연습이 필요하며 평범한 사람도 얼마든지 훌륭한 메시지를 만들 수 있다.

애플 CEO 스티브 잡스의 프레젠테이션은 모든 사람들이 모방하고 싶어 할 만큼 뛰어나다고 평가를 받았다. 그것은 그가 천재라서가 아니라 치열하게 프레젠테이션 준비를 했기 때문이다. 그는 중요한 연설을 하기 전에 연설할 방에서 3일을 준비했다고 한다. 선천적 재능이 아니라 부단한 연습과 훈련의 힘인 것이다.

너무 많은 메시지를 전달하려다가 정작 무엇이 핵심인지 혼란스러울 때가 생기는 경우를 경험했을 것이다. 아주 많이 알다 보니 무엇을 말하고, 무엇은 넘어가야 하는지 오히려 헷갈리기도 한다.

메시지를 단순하게 전달하는 것은 전문가라도 가장 힘들어하는 부분이다. 많이 아는 사람의 말일수록 오히려 알아듣기 힘든 현상도 생긴다. 어떤 부문에서 최고 전문가의 말은 일반 사람들보다 몇 걸음 앞서서 얘기하는 경우가 많기에 상대방은 이해하지 못할 수도 있다. 그리하여 많은 사람들이 메시지를 효과적으로 전달하기 위해 노력한다.

관리자는 작업 공정의 혁신을 발표하고 직원들은 고개를 끄덕인다. 하지만 다음 날이 되면 현장직원들은 아무 일도 없었다는 표정으로 기존 방식을 고수하는 경우도 있다. 기억에 오래 남는 말, 사지 않고는 못 견디게 만드는 광고, 마음을 사로잡는 메시지는 어떻게 해야 가능한가. 가장 기본적이고 중요한 것이 있다. 메시지는 언제 어디서나 간단하고 일관되어야 한다.

현대인은 크고 작은 선택의 기로에 서 있다. 합리적 판단 기준이 없다면 옳고 그름을 구별하기 어렵고 선택의 늪에 빠져 허우적거리기 십상이다. 특히 유의해야 할 것은 무엇이든지 다 할 수 있다는 착각이다. 최대의 성과를 내려면 소수의 기회에 집중해야 한다. 기회가 있다고 곧바로 달려들기보다는 경청하고, 질문하고, 사색하는 과정에 충분한 시간이 필요하다. 이런 과정의 목적은 핵심적인지 아닌지 여부를 구별하기 위해서다. 중요하다고 믿는 것들 중에서 진짜 중요한 것을 찾아내고, 아닌 것을 포기하는 것이 '지적 용기(intellectual courage)'다.

단순해진다는 것은 군더더기가 전혀 없는 핵심을 찾는 것이다. 핵심에 이르기 위해서는 남아돌거나 불필요한 요소들을 깔끔하게 제거해야 한다. 없어도 아무 지장이 없는 곁가지를 쳐내야 한다. 여기까지는 할 수 있다. 정말 어려운 것은, 중요하지만 가장 중요하지는 않은 메시지를 제거하는 것이다. '완벽함'이란 더하고 더해서 더 이상 보탤 것이 없는 상태가 아니다. 빼고 빼서 더 이상 뺄 것이 없는 상태가 완벽이다.

단순하지 않으면 통할 수 없다. 더 이상 뺄 것이 없는 상태가 단순함이다. 핵심만이 간결하게 표현된 상태의 메시지가 바로 뇌리에 깊이 각인된다.

6

빼어난 실력과 진정성

프레젠테이션은 특정한 내용을 소개하면서 이를 수용할 수 있도록 설득시키는 것이 중요하다. 사람들 앞에서 당당하게 프레젠테이션을 하는 것이 쉬운 일은 아니다. 2018년 평창 동계올림픽의 유치와 관련하여 최종 프레젠테이션은 완벽했다는 평가와 함께 깊은 감동을 주었다.

남아프리카 공화국 더반에서 열린 국제올림픽위원회 총회에서 평창 동계올림픽유치위원회의 여덟 명의 발표자가 프레젠테이션에 나섰다. 매우 긴장되는 상황임에도 불구하고 발표는 완벽했고 유머도 구사했으며 진심을 다해 평창의 지지를 호소했다. 뜨거운 반응을 불러일으켰다. 평창이 당시 PT에서 가장 중요하게 생각한 점은 바로 '감동' 이었다. 평창의 프레젠테이션은 '프레젠테이션의 정석' 이라 불리는 스티브 잡스의 프레젠테이션에 비교하여도 부족하지 않았다.

스티브 잡스는 신제품의 출시로 프레젠테이션을 할 때마다 화제가 되었다. 스티브 잡스의 프레젠테이션 비결은 먼저 발표자가 주도권을 가지는 것이다. 그는 화려한 슬라이드를 사용하지만 자신의 말에 앞서 슬라이드의 다음 장을 보여주지 않고 청중의 시선이 자신에게 머물도록 했다. 청중이 다음 발표 내용을 미리 예상하지 못하게 하는 것이다. 슬라이드는 발표 내용의 시각적인 자료를 보여주기 위한 수단일 뿐이고, 발표의 전체 주도권은 발표자인 잡스가 가지고 있어 자신감에 충만해 있다는 인상을 강하게 주었다.

다음 비결은 청중에게 경험을 안겨주는 것이다. 아이폰을 소개할 때는 구글맵 기능으로 직접 주변의 스타벅스를 찾아 전화를 걸고 커피 수천 잔을 주문해 청중을 놀라게 했다. 사람들은 예상하지 못했던 것에 충격을 받는다. 스티브 잡스는 의외의 상황을 연출하기를 좋아했다.

또 두께가 1.93cm에 불과한 노트북컴퓨터 '맥북 에어'를 소개할 때도 퍼포먼스를 선보이며 깊은 인상을 남겼다. 그는 스테이지에 서류 봉투를 배달시키고 그 봉투를 뜯은 다음 그 안에서 컴퓨터를 꺼냈다. 사람들이 그 작은 서류 봉투에서 컴퓨터가 나올 것이라고 생각했겠는가. 이처럼 스티브 잡스는 자신의 이야기를 들어달라고 강요하는 것이 아니라 청중이 자연스럽게 경험하도록 유도하고 예상하기 힘든 퍼포먼스를 하여 청중의 높은 관심을 일으킨다.

프레젠테이션의 성공을 위하여 그는 지독하게 연습했다. 그의 프레젠테이션은 모든 구성이 잘 짜여 있다. 발표자, 슬라이드, 무대효과 등이 오차 없이 기능하도록 오랜 기간 연습한 결과다. 반복적인 연습으로 발표 내용의 습득과 이해도를 높여 더욱 정확하게 내용을 전달하고 연습과정에서 새로운 아이디어를 도출해 낸다.

같은 자료를 발표하더라도 발표자가 보여주는 열정과 자신감의 차이에 따라 듣는 사람의 평가는 달라진다. 상대방을 설득하기 위해서 가장 중요한 것은 빼어난 실력과 진정성이 함께 해야 한다. 그러면 감동은 자연스럽게 따라온다.

7

본질을 꿰뚫어야 한다

뉴턴 이후 물리학 최대 발견인 '양자이론(量子理論, quantum theory)'으로 유명한 과학자는 막스 플랑크다. '막스 플랑크 평전(작가 에른스트 페터 피셔)'에 따르면, 그에게는 두 번의 세계대전과 나치의 공포정치를 지나면서 아내와 네 명의 자식들을 병과 사고로 모두 잃은 불행한 가정사가 있다. 그는 개인적으로는 누구보다 불우했지만 과학자로서는 1918년 노벨 물리학상을 받는 등 최고의 명예로운 삶을 보냈다.

이처럼 세계적 과학자인 그에 대해 다음과 같은 유명한 에피소드가 있다.

1918년 노벨 물리학상을 받은 그는 독일 전 지역에서 수많은 강의요청을 받았다. 3개월간 강연이 이어지자, 그의 운전사도 내용을 거의 외울 지경이 되었다. 뮌헨에서 강연을 할 때, 플랑크가 몹시 피곤해하자, 목소리(voice)가 좋은 운전기사는 자신이 강연을 대신 하겠다며 무대에 섰다. 희한한 일이 벌어진 것이다. 그런데 강연이 끝날 때 한 교수가 질문했다. 운전기사는 자신의 임무를 망각하고 자만에 빠져 이렇게 답했다.

"뮌헨처럼 발전된 도시에서 그렇게 단순한 질문을 하다니. 그 정도는 제 운전기사도 대답할 수 있으니 답변은 그에게 맡기겠습니다."

여기서 '운전기사'란 실제 운전을 하는 '드라이버(driver)'라는 의미가 아니라 '모르는 것을 아는 것처럼 행동하는 사람'을 지칭한 말이다. 그들은 그럴 듯한 이야기를 하지만 지식의 깊이가 없다. 이런 '운전기사'의 지식을 함부로 신뢰하지 않아야 한다는 뜻이다.

내용 없이 말솜씨만 번지르르한 사람과 실제로 진짜 지식을 갖고 있는 사람을 혼동하지 말아야 한다. 그들에게는 분명한 표식이 있다. 진짜 지식을 갖고 있는 사람들은 자신이 무엇을 알고 무엇을 모르는지 정확히 알고 있다. 그들은 자기 능력을 넘어서는 것에 대해서는 오버하지 않거나 '모른다.'라고 당당하게 말한다. 반면 목소리만 번지르르한 사람은 모른다는 말을 거의 하지 않는다. 좁고 얕은 지식만을 가지고 오직 목소리로만 포장하여 떠벌리는 사람들은 스스로를 되돌아보고, 그런 수준이라면 겸손하게 반성해야 한다.

커뮤니케이션에 대한 사람들의 일반적 생각이나 접근방법을 보면, 여전히 인식의 오류가 있다. 커뮤니케이션을 보이스(voice)가 모두인 것처럼 오해하고, 보이스를 가르치는 사람들에게 전적으로 의존하여 커뮤니케이션 실력을 키우겠다고 달려드는 것이다. 특이한 현상이다. 표피에 유독 관심이 높은 편인, 지적 함량이 떨어지는 사람들에게서 나타나는 현상인가. 이는 문제를 해결하려면 본질을 꿰뚫어야 하는데 겉포장에만 관심을 가지는 형국이다.

8

진실로 무장한 겸허함

'이미지 메이킹(Image making)'은 자신의 이미지를 시간, 장소, 상황 또는 경우에 맞게 필요한 것으로 만들어 주는 것이며, 내면의 잠재능력을 밖으로 표출시켜서 호감을 주는 사람, 상품, 조직으로 보이게 하는 것이다.

누구나 가지고 있는 이미지를 자신의 내부에 잠재한 여러 자질과 조화시켜 외적으로 훌륭하게 연출하는 것은 현대 사회에서 매우 중요한 과제다. 어떤 사람이, 어떤 눈으로, 어떤 면을 보았느냐에 따라 자신의 이미지는 실제와 다르게 왜곡될 수 있다. 따라서 수많은 사람들 속의 나를 차별화하기 위한 개인의 이미지 메이킹에 대하여 근본적이고 체계적인 접근 방법이 필요하다.

일반적으로 이미지 메이킹은 다섯 단계로 구분한다.

첫째 단계로 자신의 부가가치를 높이려면 먼저 자기 자신을 알아야 한다.

자신에 대한 관심이 스스로를 가치 있게 만들 수 있다. 또한 스스로의 가치를 과소평가하지 않아야 한다. 자신의 단점만을 바라보고 장점을 제대로 부각시키지 못하는 경우가 많다. 장점은 계속 살리고, 단점은 바꾸도록 노력해야 한다.

둘째 단계로 자신에 대해 알았으면 이제 내면을 계발해야 한다.

외적으로 나오는 좋은 이미지는 준비된 지식과 예절, 배려, 표정, 패션 등에서 나오는 이미지다. 자신의 잠재력과 가치, 가능성을 계발하고, 마음을 정화시키며, 상대방을 배려하고 긍정적인 마음을 가져야 한다.

셋째 단계로는 외적 이미지를 디자인하는 것이다.

사람들은 보이는 것만 믿는 경향이 있다. 실제로 사람을 판단할 때도 시각적인 요소가 반 이상을 차지할 만큼 사람의 겉모습은 이미지를 결정하는 데 있어서 중요한 요소다.

이미지 메이킹에서 외모라 함은 생김새가 아니다. 그 사람이 외적으로 풍기는 전반적인 분위기다. 표정, 헤어스타일, 패션, 자세, 매너, 화술 등 많은 요소들이 복합적으로 조화되어 뿜어내는 그 사람만의 고유한 분위기를 말한다.

넷째 단계로는 자신을 파는 것이다.

충분히 상품성이 생기면 최상의 대상을 찾아 자신을 팔아야 한다. 가만히 있는 나에게는 타인들이 적극적인 관심을 갖지 않는다. 나만의 특출한 자질이 돋보이는 상황이면 몰라도 일반적인 경우에는 나의 장점과 긍정적인 요소를 내가 먼저 적극적으로 알려야 한다. 타인이 나를 사러 오는 것을 기다리는 것이 아니라 내가 나를 먼저 팔아야 한다. 사람과 상품 모두 적극적 마케팅에 관한 이치는 다르지 않다.

다섯 단계로는 자신에게 진실해야 한다.

언제나 자신에게, 나아가 상대에게도 진실한 자세로 대해야 신뢰감이 두터워진다. 기본적으로 믿음이 생겨야 지속적 관계를 유지할 수 있다. 거짓은 오랫동안 나를 지켜주지는 못한다. 거짓으로 포장한 일시적 완벽함보다는 진실로 무장한 영원한 겸허함이 더욱 좋은 평가를 받는 것은 세상의 이치다.

현대 사회에서는 상대방에 대한 첫 인상 또는 최초 느낌이 인간관계에 결정적으로 중요하게 작용한다. 이는 이미지 메이킹이 필요한 가장 현실적인 이유다. 아무리 마음이 따뜻한 사람이라고 하더라도 표현되는 모습에서 차갑고 무표정하다면 상대방은 냉정한 사람이라고 판단하기 쉽다. 억울하더라도 할 수 없다. 그것이 못마땅하면 당연히 스스로 이미지 메이킹에 적극 나서야 한다.

현대에는 민감하고 세심한 인간관계가 이루어지고 있으며, 복잡하고 유기적인 관계가 형성된다. 특히 아주 짧은 시간에도 여러 가지 시각으로 다양한 지적 평가나 인격이 나의 의사와는 무관하게 결정되어 버리는 점을 유의해야 한다.

9

문제해결능력

나와 생각이 일치하지 않는 것은 틀린 것이 아니라 다른 것이다. 이는 옳고 그름의 문제, 맞고 틀림의 문제가 전혀 아니다. 나와 다른 타인의 생각은 그 자체로 존중받아야 한다. 또한 그들과 다른 나의 생각도 마찬가지로 존중받아야 한다. 세상의 많은 갈등의 근원을 따라가면 생각의 차이에서 비롯된다. 더 큰 문제는 생각의 차이를 쉽사리 인정하려들지 않는다는 것이다. 나아가 타인의 생각을 강제로 나의 생각과 일치시키려는 시도를 하는 것이다. 하지만 그런 시도는 대부분 실패한다.

태어나고 자란 환경, 교육수준, 가치관, 세계관, 도덕심, 교양수준 등 다양한 요소에 걸쳐 차이가 많이 있는데 어떻게 생각이 같을 수 있겠는가. 생각을 일치시키려는 시도는 애당

초 무리한 발상이다. 생각이 다르거나 차이가 나는 것이 일반적이고 오히려 나와 생각이 일치하는 것이 예외라고 사고의 여유를 확대하는 것이 좋다.

인간관계에서는 이렇게 여백을 두면 갈등이 사전에 예방되고 상대에 대한 배려와 공감지수를 높여준다. 너와 나의 대화는 틀림을 다투는 갈등의 과정이 아니라 다름을 이해하고 이를 좁히는 공감의 과정으로 매우 흥미로운 삶의 현장이라고 이해하는 것이 바람직하다. 특히 리더의 경우에 이런 인식이 반드시 필요하다.

리더는 이해관계의 한계를 벗어나야 한다. 리더에게는 엇갈리는 이해관계를 조정하고 갈등을 추스르기 위하여 관용과 포용력이 매우 필요한 덕목이다.

공자에 의하면, 군자는 두루두루 친하게 지내며 이해관계를 따져서 패거리를 만들지 않는다. 이에 비하여 소인(小人)은 이해관계를 따라 패거리를 만들고 두루두루 친하게 지내지 않는다. 군자는 자기의 좁은 이해관계를 초월하였기 때문에 공감대가 넓어 여러 사람과 친하게 지낼 수 있지만, 소인은 자신의 이익만을 생각하고 동정심이 없어 이용가치가 있는 사람만 사귀고 더 이상 이용가치가 사라지면 버린다.

기본적으로 대화는 갈등의 과정이 아니라 공감의 과정이 되어야 한다. 공감을 위해서는 상황을 잘 설명하고 나아가 상대를 설득할 수 있어야 한다. 이를 위해서는 리더의 경청능력과 커뮤니케이션 능력이 매우 필요하다. 갈등과정에 있는 상대를 대하려면 때로는 직진이 아니라 우회해야 한다. 가끔은 멀더라도 돌아가야 한다. 빼어난 언변과 인내력, 자기제어능력도 필요하다. 상대의 심기를 거스르지 않으면서 할 말을 제대로 전달하고 이해를 구하기 위해서는 설명력과 설득력을 모두 갖추어야 한다.

결국은 커뮤니케이션이 답이다. 그래서 리더는 콘텐츠가 충만한 커뮤니케이션을 할 수 있어야 한다. 훌륭한 리더가 되려면 콘텐츠가 뛰어난 커뮤니케이션을 구사해야 더욱 유리한 것은 분명한 사실이다. 콘텐츠 커뮤니케이션은 경청능력, 공감능력, 설득능력 등을 망라한 개념이다. 리더에게 필수적인 문제해결능력은 최종적으로 이러한 커뮤니케이션 능력에 귀결되는 경우가 일반적이다.

10

따뜻한 가슴과 냉철한 이성의 균형

1924년 앨프레드 마셜이 죽었을 때 케인즈는 그를 "'경제학'이란 말을 발명한 경제학자로 지난 100년간을 통틀어 세계에서 가장 위대한 경제학자"라고 칭송했다.

마셜은 신고전학파 경제학의 기초를 세웠으며 케인스, 피구 등의 쟁쟁한 제자들을 키워 케임브리지 학파를 창시했다. 마셜이 살던 시대는 영국 자본주의의 황금기였고 영국은 제국주의 국가로서 전성기를 누리며 '해가 지지 않는 나라'로 세계에 군림했다.

현재는 '경제학'이라는 말을 자연스럽게 쓰지만 마셜 이전의 시대에는 '정치경제학'이라는 용어를 썼다. '냉철한 이성과 따뜻한 가슴'이라는 말은 경제학도의 지표와도 같은 것으로 마셜이 1885년 케임브리지 대학 교수로의 취임 강연에서 했던 말이다. 그는 냉철한 이성으로 경제의 논리를 펴 나갔다. 그리고 따뜻한 가슴으로 경제 기사도(Chivalry, 騎士道)를 주장했다.

자본가의 입장에서는 단기, 장기의 어느 기간이든 '한계수확체감의 법칙'에 따라 공정하게 행동할 뿐이다. 그리고 최대의 이윤을 획득하는 시점에서 더 이상의 투자를 멈춘다. 마셜은 자본가가 한계비용과 한계수입이 일치하는 점에 도달할 때 이를 '균형상태'라고 불렀다. 자본가는 이 균형점에 도달해 사회의 생산요소를 가장 효율적으로 사용한 것이다.

여기까지는 마셜의 냉철한 이성이 작용하였다. 그의 냉철한 이성은 자본가나 노동자는 각자 맡겨진 역할을 제대로 하고 있다고 생각했다. 그는 가난이 지상에서 가장 나쁜 악덕이라고 했으며 그를 위해 부자들이 사회적 공공복리에 헌신해야 한다고 말한다. 즉 그는 정상적인 경제 논리에서는 도저히 가난한 노동자들을 구할 수 없기에 따뜻한 가슴이 필요하다고 생각했다. 그래서 부자들의 동정에 의해서 세상을 더 따뜻한 곳으로 만들어야 한다고 주장한 것이다.

인생의 가장 먼 여행은 '머리에서 가슴까지의 여행'이라고 한다. 냉철한 머리보다 따뜻한 가슴이 그만큼 더 어렵기 때문이다. 그러나 또 하나의 가장 먼 여행이 있다. 가슴에서 발까지의 여행이다. 발은 실천이며 현장이다. 따뜻한 가슴과 냉철한 이성이 서로 균형을 이룰 때 우리는 비로소 개인적으로 사람이 되고 사회적으로 인간이 된다. 이것이 사랑과 이성의 사회학이고 인간학이다. 사랑이 없는 이성은 비정한 것이 되고 이성이 없는 사랑은 몽매와 탐닉이 된다.

사랑의 비극은 죽음이나 이별이 아닌 무관심이고, 무관심주의가 만연한 사회에는 타인의 고통에 대해 냉소적인 인간이 양산되어 공동체의 공존과 유대가 위태로워진다. 한 사람이 어떤 주장을 했을 때 다른 사람이 관심을 나타내고 찬성해주면 계속 전진할 것이고, 반대하면 자극이 되어 더 분발할 수 있다.

그런데 사람들 속에서 외쳤는데도 어떠한 반응도 없다면, 즉 찬성도 반대도 없는 경우에는 마치 자신이 끝없는 벌판에 버려져 있는 것처럼 아무것도 할 수 없게 되는 망연자실한 느낌에 빠질 것이다. 이 얼마나 서글픈 일인가. 이러한 느낌을 '적막' 이라고 한다. 벌판에 홀로 버려진 것 같은 적막감은 인간에게 공포와 무력감을 안겨주며, 적막은 어둠보다 더욱 짙은 공포를 안겨준다.

사막은 무척이나 적막하다. 그곳에는 눈을 씻고 보아도 나무가 보이지 않고 낙타도 못 먹는 풀들만이 듬성듬성 나 있다. 하루 종일 걸어도 마을이 보이지 않는 끝임 없는 그 광활함에 적막함은 더해진다.

우리가 살아가는 이 세상도 사막 같은 적막함이 느껴질 때가 있다. 그런 적막한 세상에서는 리더의 역할이 무엇보다 중요하다. 바로 마셜이 언급한 '냉철한 이성과 따뜻한 가슴' 이 매우 필요한 세상이다.

어느 사회에서든지 조직과 개인 모두 부침은 있기 마련이다. 침체되어 있는 조직과 구성원을 무관심과 적막함에서 벗어나게 하는 것은 리더의 역량이고 소명이다.

리더의 따뜻한 배려와 격려의 말이 더욱 절실해지는 환경이다. 리더에게 지성과 감성은 선택의 문제가 아니다. 리더에게 가슴과 이성도 택일의 문제가 아니다. 훌륭한 리더의 커뮤니케이션은 따뜻한 가슴과 냉철한 이성이 균형을 이루어야 한다.

제2장

리더의 진정성

- 칭찬과 격려 -

1

효과적인 칭찬

누군가에게 호감을 사고 싶을 때 칭찬을 하거나 덕담을 한다. 그런데 칭찬을 남발하는 것은 효과가 상당히 떨어진다. 어떻게 하는 것이 효과적인 칭찬의 방법인가.

첫째, 단순히 칭찬을 한다.
둘째, 처음부터 비난을 한다.
셋째, 잘못을 지적하다가 칭찬으로 끝난다.
넷째, 칭찬을 하다가 비난으로 끝난다.

여기서 어떤 방법이 가장 좋다고 생각하는가. 당연히 둘째는 아닐 것이다. 정답은 셋째다. 처음에는 잘못을 지적하다가 나중에는 칭찬으로 끝나는 방법이다. 칭찬도 계속 들으면 식상하고 신빙성이 떨어지므로 잘못을 어느 정도 지적하다가 반전해버리는 것이 효과적이다. 그럼 여기서 가장 싫은 경우는 무엇인가. 일반적으로 조사해보면 처음에 칭찬을 하다가 나중에 비난으로 끝나는 경우를 가장 싫어한다는 결과가 나온다.

특히 칭찬 끝에 토를 달지 않아야 정말 잘하는 칭찬이다. 칭찬으로 잘 나가다가 엉뚱한 방향으로 빠지면 오히려 역효과다. 칭찬을 하려면 사족을 달거나 조건을 걸지 말고 화끈하게 해버리는 것이 좋다. 다만 칭찬에는 진심이 담겨야 한다.

'기대치 위반효과(Expectancy Violation Effect)' 라는 심리학 용어가 있다. 어떤 행동이 기대치에 어긋났을 때 더 기분이 나빠지는 것이다. 상대방의 행동이 우리의 기대치를 긍정적인 방향으로 위반하면 호감이 증가하고 부정적인 방향으로 위반하면 호감이 줄어든다는 의미다.

유사한 심리학 용어로 '낙인효과(Stigma Effect)' 는 '피그말리온효과(pygmalion effect)' 와는 반대로 나쁜 사람이라고 부정적인 낙인이 찍히면 그 낙인에 걸맞은 행동을 한다는 것이다. 또한 '악마효과(Devil Effect)' 는 후광효과와는 반대로 못생긴 외모 때문에 그 사람의 다른 측면까지 부정적으로 평가되는 것을 말한다. 아무튼 칭찬받는다는 기대치를 위반하면 오히려 더욱 역효과를 나타낸다는 점은 리더로서 칭찬할 때 고려해야 한다.

칭찬은 상대에 대한 평가를 표현하는 기술이다. 잘못이 있으면 먼저 지적하고 칭찬으로 마무리해야 한다. 어떤 상황에서도 이 점을 기억해야 한다. 사람들은 끝에서 결론을 내리고 그것만을 주로 기억하는 경향이 있기 때문이다. 분별이 부족하고 어설픈 칭찬은 낭패를 초래한다.

영화에서 보는, 세상에서 가장 멋진 칭찬이 있다. 멋진 제목의 영화 '이보다 더 좋을 순 없다(As Good As It Gets, 1997)'로 강박증 환자 잭 니콜슨과 레스토랑 종업원 헬렌 헌트가 주연이다. 아무도 잭 니콜슨을 상대하지 않지만 레스토랑 종업원인 헬렌 헌트만이 관심을 가져준다. 그들이 나누는 따스한 대화의 일부분이다.

잭 니콜슨: 내가 당신을 안다는 것 자체가 기분 좋은 일이에요. 그리고 당신은 내가 더 좋은 남자가 되고 싶도록 만들었어요.

헬렌: 이것은 아마 내 생애 최고의 칭찬일 거예요.

상대방이 나로 인해 더 좋은 사람이 되고 싶어 한다는 것, 상대에게 강한 동기부여를 해주는 것이 최상의 칭찬이다. 이런 말보다 더 듣고 싶은 말이 또 있을까. 간단해 보이지만 이런 것이 소중하고 의미 있는 칭찬이다.

이 영화로 주인공 헬렌 헌트는 1998년 아카데미 여우주연상을 받았다. 헬렌 헌트는 인간에게 위안을 주는 배역을 맡으면서 불완전할 수밖에 없는 수많은 사람들에게 어필하였고,

영화팬들에게 '더없이 마음에 드는 연인'으로 자리 잡았다.

영화 '왓 위민 원트(What women want, 2001년), 캐스트 어웨이(Cast Away, 2000년)' 등 다수의 작품에 출연했던 헬렌 헌트의 얘기다.

단역배우부터 시작한 헌트는 오디션마다 떨어지는 아픔을 겪었다. 배우의 길을 포기하기로 결심한 그는 우연히 마트에서 "TV에서 봤는데 정말 놀라운 재능을 타고 났더군요."라는 직원의 말을 들었다. 점원의 칭찬 한 마디가 그의 인생을 바꿨다.

헬렌 헌트는 연기에 다시 도전했고 '파이오니아 우먼('Pioneer Woman, 1973년)'이라는 드라마 오디션에 합격했다. 오늘의 그를 만든 작품이었다. 헌트는 후에 그 마트 직원에 대하여 "그는 아마 나를 도와주러 나타난 천사였을 것이다."라며 "나는 이 세상에 천사가 있다는 말을 믿는다."고 말했다.

2

영혼의 산소와도 같은 칭찬과 격려

우리 주변에는 날개를 감춘 천사가 많다. 지나치기 쉬운 작은 것임에도 불구하고 그것을 찾아내어 칭찬하고 격려해 주는 사람들이다. 인생의 크고 작은 일에 낙심해서 모든 것을 포기하려던 헬렌 헌트의 마음을 돌린 점원의 한 마디 말처럼, 칭찬은 우리에게 무엇이든 한 번 더 도전할 수 있는 용기를 준다.

확실히 그렇다. 욕을 먹고 야단을 맞으면 포기하고 싶은 생각에 빠지기 쉽다. 사람의 마음은 부정적 이야기를 들으면 금방 기가 꺾이게 마련이다. 반면에 칭찬을 들으면 기분이 좋아지고 다시 칭찬을 듣고 싶은 마음에 의욕이 생긴다.

사람은 칭찬을 통해 새롭게 빚어진다. 칭찬에 걸맞은 사람이 되려고 노력하기 때문이다. 진심 어린 칭찬은 사람을 행복하고 풍요롭게 한다. 칭찬은 목표를 향한 출발점에서 플랫폼의 역할을 한다. 망설이는 사람에게 출발의 신호를 보낸다.

칭찬은 비용이 들지 않지만 어떤 재화보다 값진 것이다. 칭찬을 앞에 두고 잴 필요는 없다. 칭찬은 그냥 해버리는 것이다. 머뭇거릴 필요가 없다 칭찬을 받으면 활짝 웃을 상대를 앞에 두고 주저할 이유는 없다. 가끔 칭찬에 익숙하지 않은 사람이 있지만 칭찬을 몇 번 들으면 적응하게 된다. 칭찬은 너와 나를 동시에 행복하게 하는 비타민 이상의 것이다.

좋은 관계를 유지하기 위해 거창한 작업들이 필요한 것은 아니다. 뜻밖의 작은 친절도 예상외의 큰 효과를 발휘한다. 작은 친절을 베풀 때 그들은 당신을 사려 깊은 상사, 사랑스런 남편, 존경하는 아버지로 여기게 될 것이다. 가까운 사람들에게 뜻밖의 작은 친절을 베푸는 습관을 갖는 것은 매우 소중한 일이다.

전화나 인사, 칭찬이나 사과, 감사 방법이나 횟수에 변화를 주는 것만으로도 우리 자신을 얼마든지 더 나은 사람으로 변화시킬 수 있다. 다른 사람들과의 관계가 껄끄럽다면 그 자리에 누가 있었는지를 생각해봐야 한다. 그곳에는 항상 자기 자신이 있다. 좋은 관계를 원한다면 다른 사람을 변화시킬 것이 아니라 자기 자신을 먼저 변화시켜야 한다.

누군가에게 진심을 담아 생애 최고의 칭찬을 선물하는 기회를 오늘부터라도 가져 보는 것이 어떤가. 사람의 마음을 움직이는 칭찬도 방법이 있다는 것을 기억하면서 말이다. 칭찬과 격려는 영혼의 산소와도 같은 것이다. 그만큼 꼭 필요한 것이다. 우리는 칭찬받는 만큼 더 강해질 수 있다. 가끔 사람들은 당신에게 비판을 해달라고 하는데, 실제로 그들이 원하는 것은 칭찬이다. 인사말에서 지도편달을 해달라고 하는 것도 속으로는 잘하는 것에 대하여 더욱 칭찬해달라는 의미가 많다.

따라서 칭찬은 양보할 필요가 전혀 없다. 칭찬은 과감하게, 아낌없이 오늘 하는 것이지 내일로 미루는 것이 아니다.

3

'다른 사람'을 통해 목표를 달성하는 사람

리더의 목표는 사랑과 존경을 받는 것만이 아니다. 인기가 없더라도 조직성과를 위해 옳은 결정을 내릴 수 있어야 진정한 리더다. 리더십을 효과적으로 발휘하기 위해서는 구성원에 대한 긍정적 영향력과 전략적 사고가 필요하다. 조직을 이끄는 데 자발적인 추종이 없으면 감시비용이 발생하고 경쟁력도 잃게 되기 때문이다. 성과 창출을 위해서 리더는 사람 중심의 관리를 해야 한다.

'직원은 회사 보고 들어오고, 상사 보고 떠난다.'라는 말이 있다. 그만큼 조직에서 리더의 말과 행동이 중요하다. 이런 의미에서 최고의 리더는 사람을 남기는 리더다. 리더십은 내가 어떤 가치를 지닌 사람인지, 어떤 리더인지를 겸허하고 객관적으로 확인하는 자기인식에서 출발한다.

완벽한 '카리스마 형 리더'를 추구하는 시대는 지났다. 이제는 사람의 마음을 얻는 최고의 방법이 논리가 아닌 진정성이다. 또한 약점을 공유하고 도움을 요청하는 인간적인 매력을 가진 리더가 더 성공한다.

요즘 젊은 세대들은 인재를 성장시키는 리더를 선호한다. 그들은 직원의 성장을 돕는 리더, 직원을 배려하는 리더, 직원의 의견을 존중하고 인정하는 리더를 원한다. 바람직한 리더는 직원의 역량을 개발하기 위해 시간과 노력을 기꺼이 내어주는 사람이다. 이와 관련, 미국의 골드만삭스는 임원을 평가할 때 70%는 업무결과를, 30%는 직원을 얼마나 잘 육성했는지를 본다고 한다.

리더가 빠지기 쉬운 함정이 있다. 좋은 결과에 대해서는 스스로를 과대평가하고 부정적인 결과에 대해서는 상황이나 타인 탓으로 돌리는 오류를 말한다. 이런 오류는 객관적 진실을 외면하며, 자신이 다 할 수 있다는 착각을 불러일으키고, 조직 전체를 위험에 빠뜨리기 때문에 늘 경계해야 한다.

리더는 '다른 사람'을 통해 목표를 달성하는 사람이다. 이 말의 진정한 의미를 가슴으로 받아들이지 못한다면 리더로 성공하기 어렵다. 다른 사람을 통해 목표를 달성해야 하기 때문에 리더로서 요구되는 것들이 있다. 먼저 비전을 보여주고, 왜 따라야 하는지 이유를 제시하는 것이다.

현실적으로 매출이나 이익 등 재무적 목표로 비전을 세우는 기업들이 많다. 그러나 의미가 공유되지 않은 상태에서 2

배 이상의 무리한 수치만 제시되는 것은 문제다.

좋은 비전에 달성했을 때 소비자의 삶은 어떻게 달라질지, 어떤 가치를 창출할 수 있는지가 포함되어야 한다. 구성원에게 목적의식을 부여하고 일의 의미를 고취해야 진정한 동기부여가 된다.

종일 바쁜 업무에 점심도 대충 때우고 밤늦게까지 일하다 보면 '무엇 때문에 이렇게 살고 있나?' 라는 질문이 엄습한 기억이 있을 것이다. 인생의 가장 많은 시간을 투자하는 것이 직장인데, 그 이유가 '먹고 살기 위해서' 라고 한다면 가끔 삶이 공허해진다. 이런 심정은 리더의 경우도 예외라고 할 수 없고 구성원의 경우에는 말할 나위도 없다. 하지만 이런 상황에서 리더는 다른 면모를 보여야 하고 정신을 바짝 차려야 한다. 누구에게나 다가오는 공허함이지만 리더는 이를 극복하는 방법이 달라야 하고 구성원에게 귀감이 되어야 한다.

리더에게는 공허함을 마음껏 느끼는 자유마저 무한정 허용되지 않는다. 다수의 구성원들이 공허함을 극복하는 과정과 그 방법을 지켜보고 있기 때문이다. 리더의 길은 이처럼 만만치 않다.

다음으로, 리더는 직원을 인정하고 존중함으로써 그들의 자존감을 높이고, 관심과 배려로 직원들과의 관계를 굳건히 다져야 한다. 직원에게 인간적 관심을 베풀고 그들에게 동기를 부여하며 성장의 기회를 주는 것은 업무 몰입과 성취 수준에 매우 중요한 계기로 작용한다. 리더는 직원의 몰입도를 높이기 위해 아낌없이 격려하고 개인적 관심을 보여주며 성장을 진정으로 지원해야 한다.

리더가 모든 것을 온전히 혼자 할 수 있는 일은 많지 않다. 리더는 구성원과 더불어 나아가지 않으면 아무것도 이룰 수 없다. 리더의 길은 다른 사람의 마음을 얻어 다른 사람을 통해 조직의 목표와 비전을 이루는 것이지 자신이 직접 모든 것을 이루는 것이 아니다.

함께 가는 길은 멀리 갈 수 있지만 혼자 가는 길은 얼마 멀리 가지 못한다.

4

공은 다른 사람에게 돌리고, 과는 자신이 책임져야 한다

구글은 '세상을 바꿀 제품을 만들자'는 목적의식을 강조한다. 그래서인지 '최고만 뽑고 최고로 대우한다.'는 것이 구글(Google)의 인사원칙이다. 직원평가도 S급과 A급만 있다고 한다. B급을 뽑으면 조직전체가 C급으로 떨어질 가능성이 높아진다고 보기 때문이다.

GE의 잭 웰치(Jack Welch)는 시간의 30% 이상을 우수 인재의 육성에 투자했다. 그래서 매년 웰치는 각 사업장을 방문할 때, 핵심인재를 파악하고 있는지 여부와 인재개발과 승계계획이 제대로 되어 있는지 등에 대해 날카로운 질문을 던졌다.

직원을 인재로 육성하는 데는 원칙이 있다.

첫째, 직원 모두를 성장시키겠다는 생각을 버리고 성장 가능성에 시간과 노력을 투자해야 한다.

둘째, 유형에 맞게 인재를 키우는 것이다. 역량이 높고 태도도 좋은 직원들에게는 믿고 맡기는 위임형 리더십을 발휘하고, 역량과 태도가 모두 문제가 있으면 구체적인 지침을 주는 지시형 리더십을 발휘해야 한다. 역량은 낮지만, 태도가 좋은 직원에게는 시간을 투자해서 역량을 높이기 위한 코칭형 리더십을 발휘하는 것이다. 반대로 역량은 높지만 태도가 부족한 직원은 의사결정에 참여시켜서 주인의식을 높이는 참여형 리더십을 발휘하게 한다.

셋째, 직원의 장점을 극대화시켜야 한다. 또 나에게 없는 장점을 가진 직원을 키워야 한다.

자신의 리더십을 개발하려면 리더십에 대한 환상이나 두려움부터 버려야 한다. 그리고 리더십에 대한 조직 내의 문제점이 무엇인지 파악하고 처방에 대한 연구를 해야 한다. 그 다음에 직원들이 나에게 원하는 말과 행동이 무엇인지 고민하는 습관을 가져야 한다. 또한 리더가 모든 것을 직접 하겠다는 생각을 버리고, 구성원들이 잘하도록 리더가 무엇을 지원할 수 있는지를 생각해야 한다. 아울러 구성원들의 열정적 자세를 어떻게 이끌어내는 최고의 방법이 무엇인지를 사색해야 한다.

“잊지 마십시오. 리더는 주인공이 아닙니다. 훌륭한 리더일수록 공은 직원에게 돌리고, 과는 자신이 책임져야 합니다.”

리더들은 이 말에 귀를 기울여야 한다.

5

구호보다는 제도화를 선행하는 리더

리더들은 '주인의식'을 강조한다. 자기 회사처럼 생각하고 과감하게 도전하라는 것인데 그런 말들이 직원들에게 잘 먹히기란 쉽지 않다. 왜 그럴까. 기본적으로 기업에는 대주주와 경영진이 있고 그 책무가 엄격히 구별된다. 그런데 실제 주인이 아닌 직원에게 주인의식을 강조하는 것은 회사 입장에서는 하고 싶은 말이기는 하지만, 직원 입장에서는 혹사시키려는 의도가 있는지 의심하는 경향이 있다. 그들은 현실적으로 직원으로서의 대우를 받는데 주인처럼 일하라는 것은 모순이라는 생각을 한다.

최근의 추세는 대주주와 경영진이 받는 금전적 보상의 수준이 직원들의 경우와 차이가 더욱 커지고 있다. 물론 탁월한 성과를 거두는 직원들은 소수이지만 당연히 존재한다. 이런 상황에서 평범한 대다수의 직원들에게 주인의식을 강조하는 것은 단지 구호로써는 매력적이지만 실질적으로 직원들의 동참을 끌어내기는 어렵다. 따라서 주인의식을 가지고 일할 수 있도록 제도적, 금전적 뒷받침을 해줘야 한다.

일부 직장인들이 편한 직장생활을 추구하는 경우가 있지만 여전히 대다수는 동기부여만 확실하다면 청춘을 불사르고 싶어 한다. 다만 그들은 '선 제도화'를 주장하는 것이고 기업은 '후 보상'을 믿으라는 것인데, 이는 매우 큰 간극이다.

여기서 나아가 기업은 직원들에게 과감한 도전을 요구한다.

직장인에게 도전은 해볼 만한 가치가 있다. 성공하면 칭찬과 보상이 따르기 때문이다. 문제는 도전했는데 실패했을 경우다. 한국의 직장에서는 도전은 장려하지만 실패에 대한 사후처리를 보면 질책만 있을 뿐 격려와 배려는 드물다. 도전하지 않고 가만히 있으면 기본은 하는데 굳이 무리할 필요가 있겠느냐는 것이 평균적 직장인의 상식이다. 이는 도전에 따른 손실회피 의식 때문이다.

사람들은 얻은 것의 가치보다 잃어버리는 것의 가치를 더 크게 평가하려는 경향이 있다. 도전에 성공하면 일억 원을 얻는다고 하는 것보다 실패하면 일억 원을 잃을 수 있다고 할 때 더 흔들리는 것이다. 도전하는 것도 좋지만 자칫 잘못되어서 잃어버리는 것이 더욱 두렵기 때문이다. 이것은 개인적 성향의 문제도 있지만 한국의 기업문화에서 기인하는 바가 크다.

진정한 리더는 구호보다는 '제도화(制度)'를 선행한다. 제도화에 대한 실질적 조치는 없이 구호로만 외치는 것은 직원들에게는 전혀 동기부여가 되지 않는다.

기업문화는 리더가 먼저 바꾸어야 한다. 리더는 구성원들이 '내 마음' 같지 않다고 원망할 필요가 없다. 세상의 이치가 그런 것이다. 구성원에게 무엇을 먼저 해줄 것을 요구하는 것보다 리더는 구성원에게 무엇을 해줄 수 있는지를 고민하고 이를 실천해야 한다. 도전, 성공에 대한 보상, 실패에 대한 충분한 배려의 기업문화가 제도화되어 정착한다면 주인의식과 과감한 도전은 리더가 굳이 열심히 외치지 않아도 자연스럽게 일어날 것이다.

6

실패할 때 책임을 묻지 말아야 한다

2015년 증권시장에서 히어로(hero) 종목을 하나만 든다면 단연 '한미약품'이다. 연이은 수출 계약으로 대박을 터뜨린 한미약품의 이관순 대표는 "R&D 성과를 얻기까지 지속적인 투자와 인력관리가 무엇보다 중요했다."며 "한미약품은 비용이 더 들고 시간이 오래 걸리더라도 글로벌 신약을 개발하겠다는 목표로 줄곧 연구개발(R&D)를 진행해왔다."고 강조했다. 한미약품은 2015년 5차례에 걸쳐 사노피, 얀센, 베링거인겔하임 등 세계적인 제약사를 상대로 총 계약 규모 7조 원이 넘는 대형 신약기술 수출계약을 맺었다.

이관순 대표는 "연구원들의 상상력, 연구원들의 역량이 극대화하도록 연구개발(R&D)지원은 많이 해주고, 실패한 과제에 대해서는 책임을 묻지 않는 것이 중요하다."고 말했다.

이 대표는 "최선을 다하되, 실패할 때 책임을 묻지 않는 회사의 문화가 연구개발에 중요하다고 생각한다."고 덧붙였다. 이처럼 임성기 한미약품 회장을 비롯한 경영진 모두가 실패에 대해 책임을 묻지 않는 분위기는 연구원들이 창의적 연구를 할 수 있는 밑거름이 되고 있다.

한미약품이 R&D에 투자하는 비용도 국내 다른 제약사들과는 확연하게 차이가 난다. 현재 한미약품은 1년 매출액의 20% 정도를 연구개발(R&D) 비용으로 사용한다. 글로벌 제약회사와 절대적인 금액은 비교할 수 없겠지만, 매출 대비 투자 비율로 따지면 비슷한 수준이라고 한다.

한미약품의 사례는 '성공관리' 못지않게 '실패관리'가 중요하다는 것을 보여준다. 한 번의 도전으로 바로 크게 성공하는 경우는 거의 없다. 실패를 딛고 일어서서 인고의 기간이 지난 후에 비로소 성공의 결실이 다가온다.

리더가 주인의식을 강조할 때, 특히 과감한 도전을 강조할 때는 메시징이 매우 중요하다. 제도화가 어느 정도 이루어져도 리더의 커뮤니케이션과 메시징이 아주 약하면 직원의 반응속도는 더디고 열정이 불타오를 수 없다. 이처럼 리더의 메시지는 제도화와 더불어 매우 중요한 동기부여의 촉매제다.

7

용기를 주고 실수를 예방하는 리더의 어록

리더는 구성원들에게 말과 글로 의사를 전달한다. 글은 다시 검토하고 정제할 수 있는 기회가 있지만 말은 한번 나오면 되돌릴 수 없다. 말의 중요성이 더욱 강조되는 이유 중의 하나다.

스스로 리더라고 생각하거나 리더로 인정받고 싶으면 말한 것을 기록하는 습관을 길러야 한다. 나아가 자신의 생각과 사색의 결과물인 책을 내기를 바란다. 당장 책을 출간할 정도가 아니라면 우선 어록(語錄) 쌓아가기를 대신 권유한다. 하루아침에 어록을 양산할 수는 없다. 어록을 만들라는 것은 대량생산하라는 의미가 아니다. 하루의 말과 사색을 모아서 글로 저장해 두라는 의미다. 하루하루 저장해 나가면 어록이 되고 나아가 이를 모아서 출간도 가능한 것이다.

하루에 하나씩 어록에 남길 만한 말을 한다면 의미 있는 하루를 보내는 삶이라고 본다. 생각하고 사색하는 일상을 보내는 습관을 길러야 한다. 그리고 이를 말과 글로 반드시 저장해야 한다.

넬슨 만델라는 주옥같은 어록을 남겼고 지금도 가끔 읽어보면 여전히 감동적이다. 어록을 남기려면 만델라 정도의 위인 급이 되어야 한다고 생각하여 어록을 남기는 것을 미리 포기하는 것은 옳지 않다. 어록의 주체에는 아무런 제한이 없기 때문이다.

누구나 어록을 남길 수 있다. 아니 남겨야 한다. 매일 하나 이상의 말과 글을 남기는 삶은 매우 절제되고 모범적일 것이다. 어록은 자신에게 힘과 용기를 주고 반복되는 실수를 예방하게 하여 성공적인 삶의 길로 이끌어 준다. 어록은 언제든지 유혹에 빠질 수 있고 무너질 수 있는 사람들에게 경계의 마음을 일깨워 준다.

넬슨 만델라는 이렇게 말했다.

"인생의 가장 큰 영광은 결코 넘어지지 않는데 있는 것이 아니라 넘어질 때마다 일어서는 데 있다. 용기 있는 사람은 두려움을 느끼지 않는 사람이 아니라 두려움을 정복하고 압도하여 뛰어넘는 사람이다."

8

호감을 얻으려면 진정성이 핵심이다

만약 고객이 경쟁사를 선택한 이유가 그냥 경쟁사가 좋아서라고 말한다면 좋은 기분은 아닐 것이다. 이해가 되지 않거나 불공정하다고 느낄 수도 있다. 하지만 세상사가 그런 것처럼 비즈니스 세계에서도 논리적으로만 꼭 설명되지 않는 영역인 '호감'이 중요하게 작용하는 것은 분명하다.

의사가 의료 과실로 소송을 당할 가능성은 부적절한 치료 여부에만 달린 것이 아니라 환자와의 상호작용과 호감도에 의하여 많이 영향을 받는다고 한다. 환자가 소송을 제기하기로 마음먹는 것은 의료 피해뿐 아니라 사고 후 의사들이 냉담하게 대응하고 소통이 잘되지 않기 때문이라고 한다. 소송을 당한 적이 없는 의사는 소송을 당했던 의사보다 더 잘 웃고, 더 적극적으로 환자의 말을 경청한다는 조사결과가 실린 보도도 있다.

환자가 의사의 무례함과 불친절을 즉각 느낄 수 있는 것처럼 의사들이 환자에게 친절함과 존중을 나타내는 데도 긴 시간이 필요한 것은 아니다. 많은 것이 문제가 생기기 전에 미리 하는, 작은 배려와 마음먹기에 달린 것이다. 의사와의 관계가 좋은 환자가 의사의 처방에 더 잘 따르고, 자신의 상태에 대해서도 더욱 솔직하게 말할 것이다. 경험으로 보더라도 의사가 환자에게 시간을 많이 쓸수록 환자는 자신의 상태를 더욱 솔직히 말하게 된다. 환자도 자상한 진단을 받고, 처방된 약이나 행동지침을 잘 지킴으로써 건강을 되찾을 가능성이 높아진다.?환자와 의사간의 이타적인 상호작용이 매우 중요한 것이다.

국회 보건복지위원회가 2016년 2월 17일, 일명 '신해철법' 으로 불리는 '의료사고 피해구제 및 의료분쟁 조정법' 개정안을 통과시켰다. 이 법은 의료과실로 환자가 수술도중 사망, 중증상해를 입었을 때 의료분쟁조정중재원에 신청, 자동으로 조정절차를 밟을 수 있는 내용이 핵심이다. 이전까지는 해당의료기관, 의료인이 동의하지 않으면 관련절차를 밟을 수 없어 실효성이 떨어진다는 지적이 있었다.

이 법안에는 2014년 10월, 가수 신해철이 사망한 뒤 의료과실에 대한 국민적 관심이 높아지면서 별칭이 붙었다. 법적 절차의 여부를 차치하더라도 환자와 의료진 간에도 서로 호감을 가질 수 있도록 진정성 있는 자세가 필요하다.

이와 관련하여 능력과 호감도를 기준으로 누구와 함께 일하고 싶은지를 조사한다면 어떤 결과가 나올까. 모든 사람이 능력도 있고 호감도가 높은 사람을 택할 것이다. 반면에 능력과 호감도가 모두 떨어지는 사람과 일하고 싶다는 사람은 없을 것이다. 그렇다면 능력과 호감도가 서로 상반되는 사람에 대한 선호도는 어떻게 될 것인가. 일반적으로는 능력이 있더라도 호감도가 낮은 '유능한 밉상'과 함께 일하기를 피할 것이다. 이에 비하여 능력은 다소 부족하지만 호감도가 높은 '매력적인 바보'들의 경우에는 함께 일하고 싶은 사람으로 선택될 가능성이 높을 것이다.

9

영원한 1등은 없다

초코파이는 누구나 보았듯이 두 개의 원형 비스킷을 마시멜로로 접착시킨 후, 그 겉면에 초콜릿을 씌운 형식의 과자다. 초코파이와 비슷한 파이는 1917년 처음으로 미국에서 출시되었다. 여기서 아이디어를 얻은 동양제과는 1974년 4월에 국내 최초로 초코파이를 출시하여 큰 인기를 끌면서 1983년에는 롯데제과, 1986년 해태제과, 1989년 크라운제과, 최근에는 PNB풍년제과까지 각각 초코파이를 출시하였다. 이후 그들은 치열한 마케팅과 광고 경쟁을 벌였다.

동양제과는 롯데제과에 상표등록 취소를 요구하는 소송을 제기하였지만, 법원은 '보통 명칭'이라고 기각하였다. 이에 따라 1989년 동양제과는 기존의 자사 초코파이를 '초코파이 정(情)'이라는 이름으로 변경하여 상표등록을 했다. 그리고

2016년 3월, 오리온(2003년 동양제과에서 상호 변경)은 초코파이 출시 42년 만에 '초코파이 바나나'를 신제품으로 출시하였다.

"허니버터칩과 같은 품귀 마케팅인가. 먹고 싶은데 구할 수가 없네요."

오리온이 2016년 3월 7일 선보인 신제품 '초코파이 바나나'의 인기가 심상치 않다고 한다. 2015년 해태제과 '허니버터칩'이 국내 제과업계 최고 히트작이었다면 2016년에는 오리온 '초코파이 바나나'가 추격전을 벌였다. 결국 오리온은 "초코파이 바나나를 구하지 못해 불편을 겪는 소비자 여러분께 사과드립니다. 생산 라인을 24시간 풀가동하고 있는데도 물량 부족현상이 나타나고 있습니다."라는 사과문을 게시했다.

초코파이 바나나가 출시되면, 신제품이 기존 주력제품 시장을 잠식하는 현상인 '카니발리제이션(cannibalization)'이 나타날 것이라는 예상은 현재 다르다고 한다. 오히려 초코파이 오리지널과 초코파이 바나나를 동시에 구매해 맛을 비교하는 소비자들이 많다고 한다.

초코파이는 오리온이 원조이고, 자일리톨 껌은 롯데가 원조다. 단순히 먼저 출시한 것만이 아니라 마케팅 투자를 많이 해서 소비자들의 마음속에 먼저 자리 잡은 브랜드다. 그러니 경쟁사에서 아무리 인력과 노력을 투입해도 뒤집기가 어렵다. 물론 이런 경우에는 경쟁사보다 조금 낮은 가격에 판매하면서 일정한 매출을 노리는 '미투(me too)' 전략을 의도적으로 사용하기도 한다.

초코파이의 사례에서 보는 것처럼 제품 선점과 광고를 두고 각 기업들은 사력을 다한다. 제품의 성공여부가 기업의 존립에 직간접적인 영향을 끼치기 때문이다. 광고를 다르게 말하면, 맞는 얘기를 남다른 방법으로 하는 것이다.

광고는 다름에 살고 다름에 죽는다. 다르지 않으면 주목받지 못하고, 주목받지 못하면 생명력을 잃는 것이 광고이기 때문이다.

마케팅은 경쟁사와도 싸우지만 궁극적으로는 소비자를 상대로 줄다리기를 하는 것이다. 따라서 소비자의 눈으로 세상을 바라보고, 소비자가 진정 원하는 것이 무엇인지 아는 것은 마케팅의 필수 요소다.

오뚜기의 진라면 광고는 야구선수 류현진을 모델로 하고 '이렇게 맛있는데 1등 하지 않겠어. 류현진의 진라면' 이라는 카피로 2등인 것을 인정해 버린다.

오뚜기는 신제품 '진짬뽕' 에서 크게 히트했고 '진라면' 에서도 선전하고 있다. 삼양식품과의 2위 경쟁에서 사실상 승리했다는 평가다. 그들은 현재의 2등을 인정하고 언젠가는 올라야 할 1등을 기약한다.

2등 기업들의 진심이 담긴 광고는 소비자들의 호감을 살 수 있고 마음을 움직인다. 2등 기업들은 2등의 고충과 진심을 담은 광고를 하면 효과적이다.

기업의 역사를 살펴보면, 1등 기업이 추락하는 사례가 있고, 2등 기업이 순위가 훨씬 밀리는 경우도 있다. 기업 간의 치열한 경쟁에서는 '현상유지' 라는 자체가 매우 어렵다.

왜 대표기업에서 추락하는지, 순위가 밀리는지 치밀하게 분석하고 교훈을 얻어야 한다. 기업에 대한 시장의 신뢰가 붕괴되면 비록 대표기업이라 하더라도 그것을 회복하는 것은 상당한 기간이 필요하고, 경우에 따라서는 거의 불가능할 수도 있기 때문이다.

기업에 대한 무조건적이고 막연한 신뢰는 언제든지 무너질 수 있다. 1등은 1등을 더욱 확고히 하기 위해서, 2등 이하는 1등이 되기 위해서 치열한 경쟁을 한다.

영원한 1등은 없다. 언제든지 무너질 수 있는 1등만이 존재할 뿐이다.

2등은 현재를 인정하고 언젠가는 올라야 할 1등을 기약해야 한다.

10

솔직함과 진실함의 힘

미국 렌터카업계의 만년 2위 아비스는 광고 역사에서 기억할 만한 카피를 내세운다.

"우리는 2위에 지나지 않습니다. 그래서 더 열심히 노력합니다."

처음 이 광고안이 나왔을 때 경영진은 크게 반대했다. 자기들이 2위라는 것을 알리는 광고를 일부러 할 이유가 없기 때문이다. 하지만 아비스의 이 광고는 예상치 못한 솔직한 방식으로 깊은 인상을 남긴다. 이후 1년도 되기 전에 아비스는 흑자로 전환했고 시장 점유율은 4년 동안 11퍼센트에서 35퍼센트로 3배 이상 증가했다. 바로 솔직함과 진실함의 힘이다.

수년 전에 도미노피자의 경우에도 유사한 사례가 있었다. 도미노피자는 미국의 피자 배달 전문 브랜드다. 현재 전 세계

70개 국, 1만 개 이상의 점포를 두고 있다.

1960년, 창업자인 톰 모너건이 '딱정벌레' 로 알려진 폭스바겐 비틀 한 대로 배달을 시작한 것이 최초다. 이후 1967년에 처음으로 프랜차이즈 사업을 전개하였고, 한국에는 1990년에 첫 점포인 송파구 오금점이 문을 연 후, 2016년 현재 전국 417개의 매장을 운영하고 있다.

그러나 2009년, 도미노피자는 큰 위기를 겪는다. 당시 고객들 사이에서 '최악의 피자' 로 비판받은 것이다. 이런 경우 반성하는 자세를 보이거나 할인행사를 하는 것이?일반적인 방법이지만 도미노피자는 달랐다. 솔직하고 대담한 전략을 택했다.

우선 도미노피자는 피자 맛 개선을 위해 비판적인 소비자들을 불러 모은다. 그리고 고객들의 적나라한 목소리를 경영진과 셰프(chef)가 한자리에 모여 경청했다.

"전자레인지에 조리해 먹는 냉동피자만도 못하다.", "피자에서 골판지 맛이 난다."는 등의 혹평이 쏟아졌다. 본래 도미노피자는 피자 상자가 배달 과정에서 습기에 약해져 피자에 닿지 않도록 하고 피자의 원형을 잘 보존하기 위해서 골판지를 사용하여 튼튼하게 만들었던 것이다. 하지만 임직원들은 변명하려 들지 않았다. 그 목소리 그대로 주방에 써 붙이고 수개월간 연구해 '완전히 새로운 피자' 를 만들어냈다.

이것이 바로 '도미노피자 턴어라운드(Turn around) 캠페인' 이다. 먼저 그들은 소스부터 식재료까지 모두 바꾸어 제품의 질을 개선하였다. 또한 턴어라운드 광고를 시행하였다. 이 광고에는 도미노피자를 골판지라고 말하는 포커스그룹을 출연시킬 뿐만 아니라, 도미노 피자의 요리사를 비롯한 직원들을 출연시켜 그들의 솔직한 이야기를 담아냈다. 그 후 같은 고객들에게 새로 만든 피자를 맛보게 하고 그들이 만족하는 모습을 담아냈다.

이 광고를 통해 도미노피자는 매출과 순이익증가율 10%를 달성했다. 그리고 2011년 '최고의 피자' 라는 평을 듣게 되었다.

자신들의 잘못을 솔직하게 인정하고 어떤 이유로 어떻게 개선했는지 모두 진실하게 보여준 것이 소비자들의 인식을 다시 바꾸게 한 것이다.??

비판하는 고객의 목소리를 여과 없이 광고에 내보낸 것은 불리한 내용이라도 진실한 태도로 용기 있게 임한다면 결국 신뢰를 얻는다는 것을 보여준다.

진실해지는 것이 어려운 이유는 진실이 때로 추하고 불편하며, 상처를 줄 수 있기 때문이다. 하지만 지속적인 호감을 얻는 데는 진실성이 핵심이다. 기업은 영업기밀이라는 이유나 경쟁사와의 관계를 이유로 때때로 솔직하지 못한 태도를 보인다. 하지만 고객과 진실을 공유하고 고객의 의견을 경청하여 제품의 품질 개선에 적극 반영하는 기업은 결국 고객의 사랑을 받는다.

창업자인 톰 모너건은 어린 시절을 불우하게 보냈다. 아버지는 4세 때 사망했고 6세에는 어린 동생 제임스와 함께 고아원으로 보내졌다. 어린 시절 톰은 친구들과 많이 싸웠고, 학교에서 퇴학까지 당했다. 입양도 실패했고 웃음과 눈물을 모두 잃어버렸다. 주위에서 모두 톰을 외면했지만 베레다 수녀만은 그를 보듬어 주었다. 베레다 수녀는 그를 꼭 껴안으며 이렇게 속삭였다.

"하나님은 너를 놓지 않는다. 너를 사랑한다. 힘들 때는 울며 기도해라."

소년은 이 말에 큰 감동을 받았다. 그는 그때부터 다른 소년이 되었다.

오늘날의 도미노 피자는 이것이 출발이었다.

11

호감은 친절과 존경이 포함되어 있다

리더가 조직을 성공적으로 이끌기 위해서는 비전을 세우고 구성원들과 좋은 인간관계를 형성하며 그들에게 동기부여를 해야 한다. 또한 목표 달성을 위해 솔선수범하는 자세로 전력을 다하는 모습을 보여야 한다. 이런 지속적 노력을 통하여 리더는 자연스럽게 구성원들의 '존경'을 받아야 한다.

존경은 변화의 출발점이다. 이것은 친절 이상의 것이고 호감의 영역이다. 사람들은 호감을 '친절'과 동일시하기도 하지만, 호감에는 친절과 함께 '존경'이라는 요소까지 포함되어 있다.

어떤 사람들은 비즈니스 이벤트에 참석해 많은 명함을 수집하고 발을 넓히는 데 주력한다. 하지만 그것은 진정한 인맥쌓기가 아니다. 많은 경우가 스쳐가는 인연에 그치는 것이며 호감도 자체도 밀도 있게 형성되는 단계에 이르지 못한다. 그래서 이벤트에 참석해 많은 사람들과 이야기를 나누는 것보다는 오히려 적은 사람들과 마음에서 우러나오는 대화를 하는 것이 필요하다.

짧은 인연의 표피적인 만남으로는 깊은 속내를 나눌 수 없고, 비즈니스 차원의 친절한 수준에 그치는 경우가 대부분이다. 호감과 친절함은 다른 단계다. 친절한 사람은 상대방이 마음에 상처를 입을지 염려하여 진실을 말하지 않는 경향이 있다. 그러나 호감이 가는 사람은 일단 진실부터 이야기한다.

누구나 호감을 얻는 것이 중요한 것은 안다. 하지만 어떤 것이 '진짜 호감' 인지는 잘 모르는 사람이 많다. 진짜 호감은 단 한 명의 명함을 받더라도, 그 사람과 대화하고 공감대를 형성해 자발적 행동의 변화를 이끌어내는 것이다. 진짜 호감은 다른 사람을 이해하고, 공감해주는 차원을 넘어서야 한다. 그 사람으로 인해 다른 사람이 변하려고 노력하는 것, 그것이 진정한 호감이다. 상대방이 이해하는 언어로 이야기하면 그들은 머리로 받아들이고, 상대방이 사용하는 언어로 이야기하면 그들은 마음으로 받아들인다.

따라서 진정한 호감을 얻으려면 그들의 언어로 이야기해야 한다.

친절의 단계를 넘어 존경의 단계까지 이른 진정한 호감은 기업의 성과까지 바꿔 놓는다. 마케팅 설문조사를 하면 고객들이 어떤 제품이나 서비스를 사용할 것인지를 선택할 때 가장 큰 영향력을 미치는 요소는 주위 사람들의 호감에 의한 추천, 즉 '구전 효과(口傳效果)' 라고 나온다. 이것은 기업이 고객들에게 호감을 얻어야 하는 가장 중요한 이유다. 특히 최근의 스피드 시대에는 호감의 확산속도와 범위가 더욱 빠르고 넓어진다. 소셜네트워크는 이에 적격이다. 고객은 겉에서 보이지 않는 기업의 인간적 측면을 볼 때 그 기업과 좀 더 친밀한 관계를 맺는다고 생각하기 때문이다.

12

지혜는 행동으로 옮겨질 때 빛을 발한다

자신을 반성하는 것은 난제를 해결하고 걱정거리를 없애는 최선의 방법이다. '반성'은 정리, 귀납, 창조의 과정이며, 스스로 반성하고 잘못을 고치는 것은 사람의 기본 도리다.

사람은 혼자 일하거나 누구의 감독을 받지 않을 때 나쁜 일을 할 가능성이 있다. 그 여부는 '신독(愼獨)'에 달려 있다. 신독은 홀로 있을 때에도 도리에 어긋남이 없도록 몸가짐을 바로 하고 언행을 삼가는 것이다. 신독은 '대학(大學)'과 '중용(中庸)'에 실려 있는 말로써, 타인에게 인정받기 위한 공부가 아니라 스스로의 인격 완성을 위해 공부하는 유자(儒子)에게는 중요한 수양 방법이다.

누구에게나 혼자 있을 때의 처신이 중요하다. 혼자 있을 때의 행동과 함께 있을 때의 행동이 같다면 이미 군자의 단계에 들어선 것이다. 나의 행동거지는 하늘이 알고 땅이 알고 당신도 알고 나도 안다.

신독은 불필요한 잡념과 욕망을 없애고 자신을 깨끗하게 하는 수행이다.

요즘 '충동적 분노조절장애' 라는 말이 자주 등장한다. 분노조절장애는 모멸감이나 부당함, 원통함 등으로 정신적인 외상을 입어 부당한 대우를 받는다는 생각이 심중에 있는 상태다. 이는 증오와 분노의 마음이 오랫동안 계속되어 스스로 화를 잘 다스리지 못하는 것이며, 언제든지 과격한 행위로 표출될 수 있는 매우 위험한 증상이다.

삼국지에서 장비가 죽음에 이른 진짜 이유는 바로 '분노조절장애' 라고 한다. 어느 날 장비는 관우가 피살되었다는 소식을 듣고 눈물을 흘렸다. 부하들은 장비를 위로하기 위해 술잔을 올렸지만 술에 취하자 분노가 치밀었다. 눈에 거슬리면 채찍질을 명령했고 많은 병사들이 채찍을 맞고 죽어 나갔지만 아무도 말리지 못했다. 이 말을 들은 유비도 충고를 하지만 고쳐지지 않았다.

분노한 장비는 3일 안에 오나라를 정벌할 수 있게 흰 깃발과 흰 갑옷을 준비하라고 명령한다. 부하들은 며칠만 더 시간을 달라고 하지만 장비는 불같이 화를 내고 두 명의 장수에게 채찍질을 한다. 그리고 내일까지 준비하지 않으면 목을 베겠다고 공표한다. 어차피 죽게 된 두 장수는 한밤중 술에 취해

잠든 장비를 죽인다. 이래 죽으나 저래 죽으나 마찬가지라고 생각한 것이다. 장비는 스스로 화를 다스리지 못한 결과 죽음을 자초한 것이다.

인생을 잘 살려면 분노의 정서를 이성적으로 현명하게 대처해야 한다. 화가 난 상태에서는 아무것도 결정하지 말고 우선 기분부터 가라앉혀야 한다. 흥분한 사람은 물에 빠진 자신을 구하러 온 사람까지 물에 함께 빠뜨린다. 분노를 조절하지 못하면 리더가 될 수 없다. 아니 리더가 되어서는 안 된다. 리더는 최선을 다하되 흥분을 자제하고 자신에 대한 평가를 담담하게 받아들여야 한다.

칭찬은 사람을 뛰어나게 만들 수도 있고 거만하게 만들기도 한다. 이유가 없는 폄하도 마음을 흔들지만, 사람의 본질적 가치를 떨어뜨리지는 못한다. 재능과 식견도 타인의 평가로 늘거나 줄지 않는다. 따라서 리더가 자신감을 갖고 타인의 평가를 담담하게 받아들이면 한 단계 더 발전하는 계기가 된다.

리더가 분노를 조절하는 것은 기본이다. 리더는 구성원을 안정시켜야 하는데 스스로가 오히려 불안정한 정서 상태라면 심각한 문제다. 나아가 리더에게는 지식의 홍수 속에서 무엇보다 지혜가 절실해지는 시대다. 리더는 지혜를 발휘하여 구성원의 충동과 분노를 조절하는 어드바이저(adviser)가 되어야 한다.

지식은 지혜로 발전하고 지혜는 행동으로 옮겨질 때 비로소 빛을 발한다. 그러면 리더십에 품격이 더해진다.

제3장

리더의 긍정 마인드

- 통찰력과 소통 -

1

비난하는 습관에서 벗어나야 한다

일본 도시바는 분식회계와 구조조정 비용 급증으로 2016년 3월 마감하는, 2015년도 적자 예상액을 7,100억 엔(약 7조 2,275억 원)으로 확대했다. 블룸버그 통신에 따르면, 도시바는 2015년에 7년간 순이익을 과다 계상하는 등 회계부정을 저지른 사실이 발각되었다. 이로써 1875년 다나카 제작소로 출발한 일본의 대표적 기업이 몰락 직전의 상황에 직면했다.

일반적으로 기업의 추락에는 회계부정이 적발되는 경우가 많다. 도시바의 경우도 당연히 예외가 아니었다. 그런데 내부 파벌의 대립이 근본 원인이라는 시각이 많다. 상대 파벌에게 비난받지 않고 책임을 전가하기 위해 실적을 부풀리던 것이 대규모 분식회계로 이어졌다는 것이다.

사람들은 대부분 비난을 피하고 책임을 모면하기 위해 잘못된 결정을 내린다. 이러한 비합리적인 결정이 누적되면 기업이 망할 수도 있다. 그럼에도 불구하고 솔직하게 잘못을 인정할 경우에는 당장의 비난이 너무 두렵기 때문에 최악의 상황에 이르기까지 이를 숨기거나 외면한다.

상대방을 비난하는 대신 주어진 업무에 집중하는 것이 더 합리적인 결정인데, 왜 상호간의 비난게임에 몰입하는 것인가.

타인을 비난하는 것은 인간의 본성이다. 평가의 대상이 되거나 목표가 되는 결과물은 한정되어 있기 때문에 더 가지려는 본능이 발휘된다. 또한 업무 능력으로 인정받을 수 없거나 올바른 평가가 이뤄지지 않아 생각했던 것만큼 보상을 받지 못할 경우에 사람들은 비합리적인 선택을 한다. 칭찬에 인색해지고 상호 비난에 몰입하게 되는 것이다.

비난 게임은 조직의 운명을 좌지우지할 정도로 치명적인 문제점을 초래한다. 과거에 닛산 케이스가 있다. 부임 1년 만에 흑자로 전환시킨 카를로스 곤 르노 닛산 회장은 닛산의 문제점을 '비난 문화'에서 찾았다. 그는 회사의 실적이 좋지 않으면 항상 다른 사람의 탓을 하는 닛산의 문화를 지적했다. 강력한 구조조정을 지휘했던 그는 닛산의 내부 갈등을 심각한 문제로 보았던 것이다.

그는 닛산을 비난 게임에서 벗어나도록 조직을 혁신했다. 먼저 서로 비난하던 팀원들에게 공동 목표를 주었다. 다른 부서, 특히 과거 서로 비난하던 부서의 직원들을 섞어 11개의 팀을 만들고 공동 목표를 제시했다. 새롭게 만든 팀에 상위 목표를 설정하고 구성원들에게 개인적 책임과 집단에 대한 책임을 동시에 부과한 것이다.

이제 수시로 다른 부서를 비난하던 직원들은 같은 팀을 이뤄 공동 목표를 달성해야 했다. 그 결과 비난하는 데 시간과 에너지를 쓰며 헛수고하지 않게 되었고 업무에 집중하게 되었다.

닛산의 예처럼 비난 문화를 혁신하기 위해서는 당사자들에게 공동의 목표를 부여하고 이를 달성하기 위한 동기를 확실히 부여하는 것이 중요하다. 일부가 아니라 전체 집단을 이롭게 하는 상위의 목표를 제시해야 한다.

조직 내부에서만 비난 게임이 벌어지는 것은 아니다. 회사 밖에서 비난을 받을 경우 잘못에 대해 책임지지 않고 회피하다가 문제가 되는 경우도 많다. 기업이 비난을 받아들이고, 빠른 시일 내에 적절한 방법으로 책임지고 필요한 조치를 이행하면 장기적인 관점에서 득이 된다. 반대로 회사가 책임을 회피할수록 문제는 점점 더 커진다.

문제는 비판을 수용하는 것이 득이 되고 보상으로 돌아온다는 것은 납득하기 쉽지 않다. 그래서 비난을 감수하고 적절한 책임을 질 때 돌아오는 보상을 명확하게 알 수 있어야 한다. 또한 문제점을 지적하는 사람을 실패의 희생양으로 삼지 말고 칭찬해 주어야 한다. 희생양을 만들면 단기적으로 조직의 결속력이 높아지지만 희생양이 한 명으로 끝나는 경우는 거의 없다. 많은 리더와 조직이 계속적으로 비난 게임을 하다가 실패의 진짜 원인과 복잡하고 잘 드러나지 않는 것들을 파악하고 개선할 기회를 놓치게 된다.

요즘 기업들은 경영의 위기에 처하면 임금을 낮추고 인원을 줄이고 부서를 통폐합한다. 하지만 일시적 해고가 기업 경쟁력에 큰 도움이 되지 않으며 감원 외에도 대안은 많다.

누군가에게 책임을 전가하는 데 급급하면 문제점을 정확히 찾지 못한다. 이런 경우 리더의 역할이 중요하다. 진실을 감추는 대신 실수를 인정하는 사람을 보상하겠다는 명확한 메시지를 보내야 한다. 리더의 강력하고 상징적인 행동은, 노력하는 과정에서 본의와 다르게 빚어지는 실수를 인정해주는 개방적인 문화의 밑거름이 될 수 있다.

어떤 조직, 집단의 경우에도 비난을 근절하는 것은 매우 어렵다. 하지만 비난보다는 비판하는 것이 바람직하다. 그것도 건전한 비판을 해야 한다. 어떠한 경우에도 비아냥거리지는 말아야 한다. '비아냥' 은 비록 그것이 옳은 내용이라 하더라도 방법이 잘못되었기에 상대의 반발을 부르고 승복을 받지 못한다. 오히려 감정을 크게 자극할 수 있다. 건전한 비판은 예의를 갖추어 진지한 태도로 행해야 한다.

비판은 단문으로 하는 것이 아니다. 비판에 대한 설명이 수반되어야 하고 그래야만 승복을 받기 용이하다. 비판만 먼저 하고 나중에 이유를 제시하는 것도 문제다. 중간에 발생하는 변수가 본래의 의도를 헝클어지게 하고 생각의 변화도 생기기 때문이다. 건전한 비판은 반드시 분명한 이유와 대안을 동시에 제시하는 방법으로 행해야 한다. 그래야만 비판을 위한 비판이라는 역의 비판을 초래하지 않는다.

품이 넓은 사람이라고 떠드는 사람도 막상 비판을 받으면 부담스러워하고 당혹해한다. 인지상정이다. 여러 좋은 이유를 대더라도 솔직히 비판을 받고 기분 좋아할 사람은 많지 않다. 그렇기에 비판을 지혜롭게 하는 방법이 필요하다. 상대방의 마음을 그렇게 상하게 하지 않으면서 충분히 비판의 목적을 달성하도록 비판의 수위와 사용하는 어휘가 금도를 벗어나서는 안 된다.

비판을 하는 이유는 상대와 적이 되겠다는 것이 아니다. 비판은 공동선을 추구하는 과정에서의 의견 교환과 수정 및 보완에 본래의 순수한 동기가 있기 때문이다. 리더에게는 비난과 비판을 구분하고 이를 조율해내야 하는 경우가 많이 발생한다. 따라서 리더는 다양한 부문에 대한 기본적 지식, 통찰력, 사리변별력, 대안제시능력, 협상력, 비전제시능력, 경청능력, 자제력 등의 요소를 갖추어야 한다. 리더의 자질은 어느 하나 만만한 것이 없다. 그래도 리더를 하려면 어쩔 도리가 없다. 세상의 많은 문제들의 근원에는 '리더감'이 아닌 사람들이 리더 자리에 오래 있으려는 것으로부터 비롯된다.

2

삐딱한 말투에서 벗어나야 한다

일이 잘 풀리지 않으면 사람들은 “숨을 쉴 수가 없다. 답답하다.”라고 하소연한다.

세상은 위아래로 반듯이 금을 그은 것처럼 보일 때가 있다. 그럴 때는 이렇게 소리치기도 한다.

“줄자로 그어댄 철창이 아닌 가끔은 삐딱한 세상이 그립다.???”

여기서 삐딱하다는 말은 불건전하고 문제가 있다는 의미라기보다는 구속으로부터의 자유, 빡빡한 형식으로부터의 탈피, 정형화된 틀로부터의 자유 추구 등으로 이해하면 된다. 그런데 이와 달리 ‘도대체’는 듣는 순간부터 피곤해지는 삐딱한 말투의 전형적인 예다. 삐딱한 말의 출입구이고 삐딱한 말이 바로 이어질 것이라는 분명한 예고이고 시그널이다.

특히 '도대체가 말이야.' 이 말은 매우 듣기 싫고 거북한 말투다. 이제부터 한번 크게 따져보겠다는 강력한 선전포고를 받는 느낌이 들 것이다. '도대체'는 '대체'의 뜻을 더 넓게 강조하여 쓰는 말로 '대관절, 도무지' 또는 '다른 말은 그만두고 요점만 말하자면'이라는 의미의 '부사'다. 주로 의외의 일로 어이가 없을 때 사용하는 말이다. 조금 부드럽게 표현하면 '도대체 무슨 말을 하시나요.' 정도가 적합하다. 물론 '도대체'라는 말 자체를 쓰지 않는 것을 기대한다.

이 말 뒤에는 '잘하는 것이 뭐야, 한두 번이 아니네, 어떻게 하라는 말이야, 한심하기 그지없다. 창피하지도 않느냐, 어디서 놀다가 지금 오느냐, 이해가 안 간단 말이야, 그 표정은 뭐야, 무슨 말을 하는 건지 알 수 가 없어.' 등 반드시 부정적 사실이 적시되거나 매우 못마땅해 하는 언급, 비판 또는 비난하는 내용이 따라온다. 그리고 대부분의 경우 중간에 끼어드는 것을 용납하지 않으려 한다. 섣불리 끼어들다가는 봉변을 당하거나 더욱 꾸지람을 들을 가능성이 높다. 왜냐하면 이미 그는 예열과정을 거쳐 발동이 단단히 걸렸기에 웬만해서는 제동이 걸리지 않는 상태이기 때문이다. '도대체'는 브레이크가 풀린 자동차와 같다.

이런 경우에는 맞대응보다는 침묵으로 피하는 것이 단기적으로는 상책이다. 조금 더 센 사람은 침묵한다고 비난하며 오히려 말하라고 보채는 경우가 있지만 대개 침묵하는 것이 유리한 경우가 많다. 비판받을 일을 했기 때문에 침묵하는 것은 당연히 아니다. 정상적인 상태에서는 얼마든지 대응할 논리가 있지만 상대방이 절정을 향하여 말의 성찬을 즐길 때에는 비록 내키지는 않지만 대응하지 않는 것도 지혜로운 대처 방법이기 때문이다.

'도대체'로 시작하는 대화에서는 지나간 이야기가 다시 등장한다. 듣는 자에게는 이미 모두 정리되고 해결된 일인데 새삼스럽게 이를 꺼내는 것이다. 매우 거북한 상황이다. 현재의 주제만으로도 원만하게 해결되지 않아서 분위기가 험악해졌는데 예전의 이야기가 덧붙여지면 수습이 상당히 어려워진다.

기본적으로 대화에서는 지나치게 소급하지 말아야 한다. 법률불소급의 원칙에 비하여 '대화불소급의 원칙'은 공적 영역이 아니라 사적 영역이기에 소급이 어느 정도 허용된다. 하지만 이를 지나치게 확대하면 상대의 감정을 자극하게 된다.

상대가 용인하는 범위를 이탈하는 것은 실효성이 떨어진다. 이탈하면 해결이 늦어지거나 불가능해진다.

자기제어능력을 발휘하여 상대의 감정선을 읽어내며 적절한 수준에서 소급해야만 상대도 수용이 가능하다. '도대체 대화'에서도 금도는 지켜야 한다.

3

당장 시작하여야 한다

브라이언 트레이시는 1회 강연료로 20만 달러 이상을 받는다. 세일즈 기법, 목표 및 시간관리 부문에서 최고 강사로 불리는 그는 2억 6,500만 달러 이상의 연매출을 올리고 있다. 고등학교 중퇴생에서 세계적 강사가 되어 이제는 연간 25만여 명에게 성공하는 방법과 동기를 부여하고 있다.

'돈이 돈을 번다.'는 말이 있다. 가난한 사람이 빈곤의 굴레를 끊으려면 어떻게 해야 하는가.

지금은 정보의 시대다. 누구라도 배우고 새로운 기술을 익혀 자신을 가치 있게 만든다면 가난의 고리를 끊을 수 있다. 어떤 국가도 게으른 빈자를 구제할 수 없다. 부자들이 세금을 더 내서 가난한 사람들을 구제한다는 말은 솔깃하지만, 빈자가 진정한 부를 이루는 방법은 아니다.

브라이언 트레이시는 수입을 증가시키는 방법으로, 창의적인 사람이 되고 부가가치를 높이는 일을 해야 한다고 말한다. 그렇게 하려면 새로운 아이디어와 네트워크를 개발해야 한다. 그는 끊임없이 배워야 한다고 주장한다. 스스로 지속적으로 성장시켜야 한다고 강조한다.

성장하지 않으면 퇴보한다. 운동선수가 훈련을 중단하면 잘 훈련된 선수라고 하더라도 72시간 뒤부터는 운동 능력이 감소하기 시작한다. 멘탈 피트니스(Mental fitness)도 마찬가지다. 배우는 것이 운동하는 것이다. '80 대 20 법칙'을 연구한 자료에 따르면 하위 80%의 사람들은 10년간 새로운 기술을 배우지 않는다고 한다.

끝없는 경쟁과 개인 행복을 어떻게 조화할 수 있을까. 경쟁은 자연의 법칙이다. 높은 성과를 내면서 행복하게 일하려면 자신에게 맞는 일을 해야 한다. 자신의 재능과 기술, 욕구에 맞는 일자리를 찾아 열심히 일하면 큰 스트레스 없이 성과를 거둘 수 있다.

어떤 직업도 자신이 잘하기 전에는 즐길 수 없다. 한 분야에서 5년 이상 열심히 일하다 보면 익숙하게 되고 잘하게 된다. 잘하는 단계에 이르기 전에 직업을 자주 옮기면 재미없이 힘든 일만 하게 되는 경우가 많다.

행복을 위해 가장 중요한 요소는 자기인식과 자존감이다.

브라이언 트레이시의 첫 강연에 모인 청중은 고작 일곱 명이었다. 일곱 명 앞에서 강의할 때도 자신을 실패자라고 단정하지 않는 자기인식이 중요하다. 마치 익숙한 것처럼, 성공한 것처럼 행동하는 것이다. 자존감이 낮은 사람은 자신을 긍정적으로 칭찬하는 것이 좋다. 자신에게 '나는 할 수 있다.', '나는 최고다.', '나는 내 일을 사랑한다.' 등의 말을 자주 해야 한다. 자신을 위한 치어리더가 스스로 되어야 한다.

무슨 일이든지 잘하게 되기 전까지는 별로 재미가 없다. 악기, 운동, 학교공부까지 대다수의 경우에 해당되는 말이다. 잘하게 되면 자기 존중감도 저절로 상승하게 되고 자신감이 배가된다.

브라이언 트레이시는 세 가지 핵심 작업에 따라 인생이 결정된다고 말한다. 자신이 할 수 있는 '핵심적인 일 세 가지'가 무엇인지 스스로 물어보고 어떤 일이 내게 가장 도움이 되고 있는지 판단하라고 주장한다. 그리고 매일 그 세 가지를 위해 일하고 나머지 일들은 하지 말라고 한다.

그는 성공에 대하여, 가장 즐기는 일을 존경하는 사람들 속에서 원하는 방식으로 할 수 있는 것이라고 말한다.

행복은 성공의 중요한 기준이다. 어떤 일을 한 결과가 좋으면 행복지수가 상승한다. 인간관계도 중요하다. 행복의 대부분은 배우자, 자녀, 친구, 동료 직원 등과의 관계에서 오기 때문이다. 건강과 재정적인 안정감도 성공의 중요한 요소다. 벌어서 저축하고 경제적 안정을 느낄 때 행복도 증가한다.

브라이언 트레이시는 "성공함으로써 성공하는 법을 배우

게 된다. 당신이 무엇인가 성취하면 할수록 더 많이 성취해낼 수 있다. 그리고 불굴의 의지로 인내하여 열심히 일한다면, 어떤 목표라도 성취할 수 있다. 성공을 가로막는 유일한 장애물이 있다면 그것은 당신 자신뿐이다. 아름다운 다이아몬드도 땅 속에서 뜨거운 열과 압력을 지속적으로 받기 전에는 검은 석탄 덩어리에 지나지 않았다는 사실을 잊지 마라."라고 말한다.

또한 그는 "성공의 비결은 목표를 세우고 매일 그 목표 달성을 향하여 노력하는 것"이라고 한다. 그리고 그는 습관이 중요함을 강조하며 "습관은 처음 시작할 때는 보이지 않는 얇은 실과 같지만, 이것을 반복할 때마다 점점 두꺼워지고, 우리의 생각과 행동을 단단히 묶어주는 거대한 밧줄이 된다."라고 역설한다.

4

절실함이 있을 때 몰입이 일어난다

'몰입'은 문제를 인식하고 이를 해결하기 위해 행동 대안을 찾는 과정에 미친 듯이 푹 빠져 드는 상태를 말한다. 새로운 키워드를 발견하기 위해 또는 해결의 실마리를 찾아내기 위해 집중하고 의식이 완전히 깨어 있는 상태다.

몰입을 통해 오리지널의 자신을 만나고, 자신과의 대화를 통해 자신의 꿈과 간절한 소망을 스크린하기도 한다. 따라서 몰입상태에서는 창의력을 발휘하고자 하는 노력과 자신을 무한한 가능성 앞에 풀어놓는 여유가 필요하다.

저명한 심리학자 칙센트미하이에 따르면 몰입은 '무언가에 흠뻑 빠져 있는 심리적 상태'를 의미하고, 현재 하고 있는 일에 심취한 '무아지경'의 상태라고 할 수 있다. 또한 몰입은 주위의 모든 잡념, 방해물을 차단하고 자신이 원하는 어느 한 곳에 모든 정신을 집중하는 것이다. 그는 몰입했을 때의 느낌을 '물 흐르는 것처럼 편안한 느낌', '하늘을 날아가는 자유로운 느낌'이라고 했다. 일단 몰입을 하면 몇 시간이 한순간처럼 짧게 느껴지고 자신이 몰입하는 대상이 더 자세하고 뚜렷하게 보이며 몰입 대상과 하나가 되는 일체감을 가진다.

몰입을 위해서는 스스로 생각하는 힘이 필요하다. 남이 가르쳐 주지 않은, 교과서에 나오는 것이 아닌 혼자 힘으로 생각할 수 있어야 한다. 그리고 몰입을 위해서는 적절한 지식과 정보 수집이 필요하다. 그러나 여기서 전문가의 오류에 빠지는 것을 조심해야 한다. 너무 많은 지식과 정보는 몰입을 방해한다. 중요한 것은 전체 경향이다. 몰입을 위해서는 간절함이 필요하다.

방사성폐기물처리시설 즉, 방폐장 부지를 놓고 경주와 군산시가 경쟁을 했다. 마지막 단계로 주민투표를 했는데 경주시가 찬성률 89.5%로 찬성률 70.8%인 군산시를 이겼다. 왜 그랬을까. 경주가 훨씬 간절했기 때문이다. 경주는 천년 고도의 명소이지만 관광 외에는 특별한 산업이 없어 침체되었다. 바로 옆 울산에서 일어난 중화학공업의 비약적인 발전상을 수십 년간 지켜보았고 이를 통해 산업발전과 지역민의 혜택이 어떤지 잘 알고 있었다. 그 방폐장이 2015년 8월 28일 준공되었다. 1986년 부지 선정을 시작한 이래 30년 만의 결실이다.

사람들은 늘 위기에서 최고의 역량을 발휘하려고 한다. 리더에게서는 더욱 그렇다. 위기상황에서는 간절함과 치열함이 살아 있기 때문이다.

전나무는 생태적 변화가 있거나 수명이 다하는 열악한 환경에 처하면 유난히 화려한 꽃을 피운다. 이는 죽음의 불안을 느끼는 가장 어려운 시기에 생애 최고의 절정을 만들어내는 역발상이고 대담한 창조행위다. 이런 마지막 개화를 '앙스트블뤼태(Angst bulte)' 라고 부른다. '불안의 꽃' 이란 의미다. 위기의식을 느끼는 순간 마지막으로 더 많은 자손을 남기기 위한 본능적 행동이다. 그리고 마지막 개화과정을 거친 전나무는 바이올린과 피아노 등 명품악기의 재료로 다시 태어나 심오한 울림의 아름다운 음악을 선사한다고 한다.

문제를 반드시 해결해야 한다는 절실함이 있을 때 몰입은 일어난다. 어려움은 간절함을 만들고 간절함은 몰입을 극대화시킨다. 이를 위해서는 자신과 솔직한 대화를 할 수 있어야 한다.

리더에게는 지식이나 정보뿐만 아니라 자신이 처한 상황, 문제점을 정확히 파악하는 것이 중요하다. 새로움은 이성이나 지식 외에도 감각이나 상상력을 통해 탄생한다. 리더에게는 지식도 중요하지만 상상력과 창의력도 매우 중요하다. 간절함에서 비롯되는 몰입을 통하여 새로운 세계에 눈을 뜨는 것은 리더의 개인적 발전 외에도 구성원의 발전을 이끄는 동력이 된다.

5

다른 사람을 바꾸려는 생각을 버려야 한다

'커뮤니케이션' 의 사전적 의미는 '공통의 것을 가지게 하는 것' 이다. 달리 말하면 사람들이 서로 의미를 공유함으로써 이해와 합의에 도달하고 공동체의 규범으로써 문화를 창출하는 것이다. 커뮤니케이션이라는 단어의 우리말은 '알림알이' 라고 하는데 거의 사용되지 않고 '커뮤니케이션' 이 외래어로 정착되어 '의사소통' 이라는 말과 함께 널리 쓰이고 있다.

'의사소통' 은 '누가 무엇을 어떤 통로로 누구에게 어떤 효과를 가지고 말하는가.' 에 관련된 문제다.

개인 간의 상호관계는 언어적 형태와 비언어적 형태라는 두 가지의 의사소통을 통해 이루어진다. 언어적 의사소통은 말이나 글이다. 말과 글로 이루어지는 의사소통은 메시지의 완전한 해석을 위해서 비언어적 단서를 보통 수반한다. 또한 소통은 몰입 단계에서 모색한 대안을 구체적으로 개발하고 이를 달성할 수단과 자원을 확보해나가는 전략적 과정이다. 또한 나를 도와줄 사람과 관계를 맺는 과정이기도 하다. 상대의 마음을 울리고 조직을 움직여서 그들로 하여금 나를 돕게 만들고 나의 꿈이 모두의 비전이 되게 하는 것이다. 소통하는 과정을 통해 대안이 미칠 파장에 대해 미리 공감을 얻는다.

소통을 위해서는 다른 사람을 바꾸려는 생각을 버려야 한다. 대신 사람을 있는 그대로 인정해줘야 한다. 그런 의미에서 부부는 일심동체가 아니다. 그렇게 생각하는 순간 결혼은 비극이다. 그런 생각을 버려야 한다. 형제끼리도 이렇게 다른 판에 어떻게 평생 자라온 환경이 다른 사람과 일심동체가 될 수 있는가. 그렇게 되면 억지로 상대를 내 생각대로 맞추려 한다. 갈등이 시작되는 것이다.

소통하기 위해서는 상대를 있는 그대로 인정해야 한다. 이를 위해서는 모든 일은 사람이 함께 해낸다는 사실을 기억해야 한다. 혼자 힘으로는 한계가 있기 마련이다. 나와 인간관계를 맺고 있는 사람들이 나를 돕도록 할 수 있어야 내 뜻도 펼칠 수 있다. 사람은 모두 다르다. 각자 고유한 특성을 가지고 있다. 그런 것은 쉽게 변하지 않는다.

세일즈에서는 일반적으로 거절의 횟수와 강도는 성공의 크기와 밀접한 관련이 있다. 기본적으로는 거절을 극복하려면 자신감으로 무장해야 한다. 세일즈에 성공하려면 자존심은 버리되 자부심으로 무장해야 한다. '힘들다, 어렵다, 도와 달라.' 는 말은 자제해야 한다. 대다수의 사람들은 잘 나가는 사람과 사귀고 싶어 하고 그런 세일즈맨과 거래하고 싶어 하기 때문이다. 이렇게 해야 하는 이유는 사람들은 인간관계에 대한 부담감을 꺼려하기 때문이다.

세일즈에서도 소통에 성공하는 것이 바로 세일즈에 성공하는 길이다. 세일즈는 강요하는 것이 아니라 자연스럽게 구매 욕구를 자극하는 것이다. 부담을 주면 실패하고 부담을 덜어주면 성공한다. 왜 구매해야 하는지 소통이 잘되면 구매로 연결된다. 세일즈에 성공하려면 구매에 대한 자부심을 불러일으켜야 한다. 구매자 스스로 강요에 의한 구매가 아니라 자발적 동기에 의한 구매라고 생각하게 만들어야 한다. 구매자를 바꾸려는 시도보다는 구매자의 마음을 얻으려는 자세가 필요하고 그것으로 목적은 충분히 달성한다.

상대를 바꾸려고 하는 순간에 관계가 깨진다는 것을 명심해야 한다. 억지로 설득하려 하지 말아야 한다. 공감이 이루어졌다면, 그 대화는 성공한 것이다. 내가 먼저 마음의 문을 열면 상대도 마음의 문을 연다. 내 목표가 우리 목표가 되게 해야 한다. 그래야 사람들의 마음을 사로잡고 그들이 나를 돕게 만들 수 있다.

6

상대의 매혹을 이끌어내야 한다

연애와 세일즈를 할 때 최대의 장벽은 인맥, 제품의 브랜드 같은 외형적인 것이 아니다. 그것은 망설임이나 주저함, 소극적이고 나약한 마음이다. 따라서 연애, 세일즈 역량을 키우기 위해 가장 중요한 것은 스스로가 아주 구체적이고 뚜렷한 목표를 설정해 우유부단함이나 수줍음, 어색함을 확실하게 극복해야 한다. 목표물을 잡는 기회가 있다면 카사노바가 그랬던 것처럼 언제 어디서든지 나서서 힘차고 자신감 있게 이야기할 수 있어야 한다.

카사노바는 이탈리아 베네치아의 모험가이자 작가, 시인, 소설가이다. 자서전 '내 삶의 이야기(Histoire de ma vie)'는 18세기 유럽 사회의 관습과 규범에 대한 가장 신뢰할 만한 자료 중의 하나로 평가받는다.

그는 여성 편력가로 워낙 유명해서, 그의 이름은 '여성을 유하는 기술'과 동의어로 남아 있다. 카사노바는 볼테르, 괴테, 모차르트와 같은 당대의 유명 인사들과 교류를 가졌다. 하지만 말년에 보헤미아의 발트슈타인 백작의 집에서 사서로 근무하며 자서전을 집필하지 않았더라면, 그는 아마 역사의 무대에서 진면목이 다르게 알려졌을 것이다.

카사노바는 116명이라는 설이 있을 정도로 수많은 여성들을 유혹하는데 성공했다. 그런 그의 성공비결은 소통이다. 그는 스스로 상대의 장점을 인정했다. 그는 모든 여성에게는 적어도 한 가지의 매력이 있다고 보았다. 얼굴, 몸매, 미소, 목소리 등 늘 매력 포인트에 주목했다. 그리고 여성의 매력에 대해 강조하여 말했고 모두 넘어 왔다. 그는 이렇게 말했다.

"유혹당하지 않는 사람은 없다. 다만 유혹하지 못할 뿐이다."

이성보다 감성을 앞세우는데 주저하지 않고 삶의 진수성찬 앞으로 거침없이 달려간 카사노바에 대하여 현대의 도덕적, 이성적 잣대로 판단하는 것은 부질없어 보인다.

"나는 미치도록 여자들을 사랑했다. 하지만 언제나 여자보다 자유를 더 사랑했다."

이처럼 그의 어록은 상당히 매력적이다.

카사노바의 자서전은 그가 60세가 된 후 죽기 전까지 18년 동안 우울증 극복을 위해 집필한 노력의 산물이다. 인생에서 즐거움만을 찾아다닌 그는 자서전 외에도 공상소설 '20일이야기(Icosameron)' 등 다양한 작품을 남겨, 단테와 보카치오 이후 이탈리아의 가장 뛰어난 작가의 반열에 올랐다.

그는 자신을 '여성의, 여성에 의한, 여성을 위한' 남자로 인식하는 듯하였다. 그는 많은 여자들을 행복하게 해주었지만, 어느 여자도 신경과민으로 치닫게 하지 않았다. 그의 여자들은 모두 모험을 즐기다가 무사히 일상으로 돌아갔다. 카사노바는 많은 여자들을 뜨거운 열대 바람처럼 스치고 지나갔다.

소통과 관련하여 최고의 바람둥이들로부터 교훈을 얻을 수 있다. 소통을 잘하려면 정교하고 능란하게 상대의 매혹을 이끌어낼 줄 알아야 한다. 그래서 어느 순간에는 반대로 나를 유혹하는 상대로 만들어야 한다. 이성의 시선은 상대와 함께 있을 때면 철저히 상대 곁에서 황홀한 듯 머물러야 한다. 매번 처음 만난 상대인 양 설레는 눈빛으로 하염없이 바라볼 줄 알아야 한다. 하지만 내 영향권을 벗어날 때에는 비슷한 집중도로 다른 상대를 바라보리라는 것도 인식해야 한다. 그래도 서투른 속임수 따위는 쓰지 않아야 한다. 순간에 집중하게 만들고 다다를 수 없는 것에는 연연하지 않는 여유로움을 체득해야 한다. 또한 상대의 치명적 매력에 빠져 허덕이는 저급한 나르시스트와는 구분되어야 한다.

7

특별한 사람이라고 자각하게 하는 것

바람둥이(남성이나 여성)들에게도 나름대로의 도덕률은 있다. 그런데 이 도덕률은 소통과 밀접한 관계가 있다. 사람이 살아가는 이치는 비슷하기 때문이다.

그들은 상대의 기쁨에 집중한다. 어디에 있든, 누구를 만나든, 최선을 다해 즐거움을 안겨준다. 이것은 그들의 자존감과 연결되어 있다.

바람둥이들은 맞춤형 연애를 한다. 이들이 맞춤형 연애에 능하게 된 배경에는 다양한 삶의 경험과 그것을 해석하고 활용하는 탁월한 능력이 있다. 텍스트의 이해와 적용에 능숙한 사람들이기도 하다. 많이 읽고 보고 이를 파악하는 데 능하면서 인간을 이해하는 속도나 깊이가 남다르다. 자기성찰에도 게으르지 않다. 그들은 자신의 한계와 매력을 잘 알고 그것을 돋보이게 하는 법을 깨우친 자들이다. 인간을 향한 예의는 기본이며 상대를 존중하는 자세도 돋보인다. 상대에 따라 다양한 변신을 거듭하면서도 자기중심을 유지할 만큼의 무게감도 갖춘다면, '제대로 된 선수' 라는 호칭을 붙일 만하다. 상황의 연출 능력도 뛰어나고 순발력은 경이롭기까지 하다.

그들은 오직 즐거움을 위해서만 거짓말을 한다. 상대를 즐겁게 하기 위한 숱한 찬사들에는 많은 거짓이 섞여 있을 것이다. 다만 지나치게 터무니없는 환상을 불러일으키는 말은 하지 않는다. 변치 않는 사랑이라든가 정신적 결합 같은 것을 담보로 이성의 마음을 움직이지 않는다. 자신이 할 수 없는 일을 미끼로 상대를 유혹하는 일은 그들의 자부심에 어울리지 않는다. 약간의 위험한 느낌은 자극적 즐거움의 원천이 되기도 한다. 그래도 상대가 상처를 받지 않도록 세심한 노력을 기울인다. 상대에게 불필요한 고통이나 상처를 안기는 일은 그들에게는 유혹의 실패를 의미한다.

그들은 뛰어난 집중력을 가진 순간의 예술가이다.

그들은 함께 있는 시간을 최고도로 보내는 방법을 잘 알 뿐만 아니라 매뉴얼을 따르지 않으면서 상대보다 앞서 상황을 파악한다. 그리고 상대를 존중하고 순간의 중심에 놓을 줄 안다. 또한 상대의 욕구를 재빨리 파악하고 움직인다. 때로는 나서서 이끌거나 의외의 방향 틀기로 놀라움을 안겨준다. 세상을 자신의 눈으로 바라볼 줄 알면서도 거기에 조금 다른 시각을 보탤 줄도 안다. 그들은 인간관계라는 것이 새로운 세계를 여는 행위임을 안다. 그들은 끊임없이 당신을 자극하고 또 자극받을 것이다.

바람둥이들은 상대를 특별한 사람이라고 자각하게 한다. 그들의 시선에 일단 포획된 자는 누구든지 특별한 사람으로 거듭난다. 그것이 그들의 재능이고 거기에는 예외가 존재하지 않는다. 그들의 연구개발 역량은 그칠 줄을 모른다. 그들에게 매혹은 캘수록 나오는 자원과도 같다.

타인의 시선을 통해 매혹적인 사람으로 거듭나는 일은 황홀한 경험이다. 무대의 조명이 온통 자신에게 떨어져 빛 속에서 있는 기분만으로도 당신은 훗날 그 순간을 흐뭇하게 추억할 것이다. 그들은 여성들의 판타지를 충족해 주었고 일생에 잊지 못할 순간을 안겨주는 것을 자신의 명예로 삼았다. 그들은 수많은 여성의 일생에 선물과도 같은 존재였다. 이별 후에는 그들에게 원망의 대상이 아니라 여전히 동경의 대상으로 남았다.

이성 간에는 친구가 되는 것이 연인이 되는 것보다 더 어려울 수 있다. 남녀 간의 관계를 우정의 형식으로 유지하는 데는 더 많은 노력과 조심스러움이 필요하기 때문이다.

8

감추어진 진실을 직관적으로 파악

최근 통찰력의 중요성이 많이 강조되고 있다. 치열한 무한 경쟁 시대에 승리하기 위해서는 문제의 본질을 파악하고 약점을 강점으로 바꿔 불리한 상황을 역전시키는 강력한 통찰의 힘이 반드시 필요하기 때문이다.

통찰은 본능적이고 순간적인 직관과는 전혀 다르다. 비즈니스의 성공을 이끈 비범한 통찰은 천재적 능력이나 우연한 행운의 결과가 결코 아니었다. 지식과 경험을 바탕으로 문제의 본질을 재해석하고 재구성하려는 불같은 열정과 끈질긴 노력의 소산이었다.

통찰의 순간에는 '아, 그래, 바로 이거야!' 라고 생각하게 된다. 무엇인가 끝났다는 느낌이 드는 것이다. 이 느낌이 통찰에 확신을 갖게 한다.

확신은 깨달음의 번뜩임에서 생긴다. 통찰은 다른 아이디어보다 상대적으로 더 나아 보이는 아이디어를 고르는 것이 아니다. 통찰을 얻게 되면 이게 바로 정답이라는 생각이 든다.

어떤 통찰은 우발적이다. 즉 계획되지 않은 우연의 결과 혹은 딱 적절한 시기와 적절한 장소에 있었다는 결과로 탄생한다. 이론이나 데이터라도 흠결이 있다면 그것을 기초로 하는 믿음은 통찰을 놓치게 한다. 믿음에 고착화되면 상황이 더욱 나빠질 수 있다. 우리를 곤란하게 만드는 것은 우리가 몰랐던 것이 아니다. 실은 그렇지 않음에도 확실하다고 우리가 아는 것이다.

조직의 구성원들은 수시로 예측 가능성과 완벽성에 대한 압력과 마주한다. 관리자들은 작업과 시간표를 최대한 정밀하게 명시하여 실패율의 감소를 보여주려고 한다. 그들은 통찰을 관념적이고 나아가 파괴적인 것으로 여기는 경향이 있다. 조직은 페달을 그렇게 강하게 누르는 것을 멈춰야 한다. 수시로 급브레이크를 밟는 것이 더할수록 통찰의 길은 멀어진다.

통찰력은 보편적인 과정을 통해서도 얼마든지 향상시킬 수 있고 훈련을 통해 날카롭게 할 수 있다. 통찰은 몰입과 소통을 통해 개발한 대안을 평가하고, 시야를 넓게 그리고 멀리 내다보는 단계다. 문제에서 한 발 물러서서 사고의 영역을 확장하며 결단에 앞서 문제를 다시 한 번 점검하는 것이다.

판단의 과정에서 마주칠 수 있는 함정은 고정관념, 섣부른 예측, 타이밍을 놓치는 실수, 변화의 흐름에 뒤처지는 상황 등을 들 수 있다. 통찰은 이러한 함정에 빠지지 않기 위해 꼭 필요한 과정이다. 판단을 내리는 과정에서 통찰은 관찰의 순간이며 발견의 순간이다.

몰입을 통해 깊이를 더하고 소통을 통해 넓이를 더했다면, 통찰은 한번 물러서서 넓은 지평 안에서 새로운 것들과 간과했던 것들을 발견해내는 과정이다.

통찰은 감추어진 진실을 직관적으로 파악하는 일이다. 표면 아래의 진실을 살펴보는 것이다. 또한 시행착오 없이 즉각적으로 분명하게 알고 이해하는 것이다.

통찰은 이전에 없던 새로운 것을 만드는 창조가 아니라, 이미 있던 것을 다른 관점에서 살펴 관계의 의미를 재발견하는 것이다. 이를 위해서는 대안을 다시 한 번 바라보고 그 안에서 미처 생각하지 못한 것은 없는지 점검해야 한다. 이때 고정관념이나 집단의식에 매몰되어서는 안 된다. 자칫 변화의 흐름을 보지 못할 위험이 크기 때문이다.

타이밍도 중요하다. 무슨 일을 할 때는 적절한 타이밍이 반드시 존재한다. 대안에 따른 작용과 반작용도 함께 생각해야 한다. 작용에는 항상 반작용이 있다. 통찰이란 대안에 관한 결단이 가져올 작용과 반작용을 함께 생각하는 것이다.

9

완벽함에 대한 유혹을 버려야 한다

결단을 앞두고는 망설이게 되는 것은 확신을 갖지 못하기 때문이다. 그러나 망설인다고 하여 우유부단한 것은 아니다. 확신이 없는데 함부로 결단을 내리는 것도 문제이기 때문이다. 다른 것을 포기하더라도 반드시 지켜내야 할 그 무엇에 대한 정답을 아직 찾지 못했기 때문일 수도 있다. 결단을 앞두고 필요한 것은 이득을 따지는 '영악한 머리' 가 아니라, 놓치면 후회할 것을 아는 '용감한 심장' 일 것이다.

평소에 학습과 사색이 충분히 되어 있고, 결단에 이르는 자신만의 프로세스가 준비되어 있으며, 최종 결단에 대한 원칙까지도 확립되어 있다면 주저하지 않아도 된다. 물론 그렇더라도 막상 결단을 내리는 순간이 다가오면 망설여진다. 왜냐하면 완벽한 결단이라는 것은 누구도 장담하기 어렵기 때문이다. 그래도 지금 내릴 결정이 원칙에 어긋나는지 아닌지를 명확히 판단하면 결단을 앞당길 수 있다.

결단이 어려운 것은 가능한 모든 결과를 검토할 시간이 충분하지 않은 상태에서 내려야 할 경우가 많기 때문이다.

결단을 내릴 상황이 오는 것을 예측하여 행동하기 전에 분석하면 시행착오를 예방할 수 있다. 그러나 항상 그렇게 할 수는 없다. 우리는 때로 상황을 즉시, 또는 매우 짧은 시간 안에 파악해야 한다. 이상적인 것은 현재를 마치 지나간 과거인 것처럼 볼 수 있는 것이다. 쉽지 않은 단계이지만 끊임없는 학습과 사색, 폭넓은 경험 그리고 통찰력을 통하여 근접한 수준에 도달할 수 있다. 이것은 리더의 능력에 대한 중요한 판단근거가 된다.

결단을 위해서는 먼저 반성의 단계를 거쳐야 한다. 지나온 일에 대한 과오를 반성하고, 모르고 지나쳤거나 알면서 외면한 잘못에 대해서도 진실하고 겸허하게 스스로를 돌아보고 반성해야 한다. 그 다음에는 자신감을 가져야 한다. 많은 일들이 마음먹기에 달렸다. 안 된다고 못 한다고 지레짐작으로 포기하거나 의기소침해지지 말고 어깨에 힘을 딱 주고 용기를 내야 한다. '나는 할 수 있다.', '우리가 간절히 바라고 염원하는 것은 이룰 수 있다.' 라는 자신감을 가져야 한다.

미국 메이저리그 LA다저스의 에이스 투수 클레이튼 커쇼는 2011년 메이저리그 내셔널리그 사이영상을 받았고, MLB

최초 4년(2011~2014) 연속 평균자책점 1위를 기록했으며, 2016년 MLB.com 선정 현존 선발 1위로 평가되고 있다. 커쇼가 유니폼 안에 입는 셔츠에는 'You Can Do Better.(넌 더 잘할 수 있다.)' 라는 글귀가 새겨져 있다고 한다. 커쇼는 성실함과 함께 자신감으로 자기체면을 걸고 있는 것이다.

이처럼 충만한 자신감에 성실함이 접목된다면 최고의 선수가 되는 길이 열린다. 성공하려면 스스로 마음속에 포기하지 않는 자신감으로 무장한 '성공 DNA' 를 심어야 한다. 때때로 인간은 바람에 흔들리는 갈대보다도 나약한 존재다. 아침에 다진 굳은 결심이 정오가 되기 전에 시들해지고 저녁 무렵에는 망각의 저편으로 사라져버린다. 그래서 '나는 할 수 있다. 나는 그 어떤 어려움도 이겨낼 수 있다.' 라고 스스로를 향한 믿음에 대하여 1만 볼트의 강력한 최면을 걸어야 한다.

마지막은 결단이다. 결단은 일련의 판단 과정을 통해 마련한 최선의 대안을 선택하는 단계이며, 마음을 가다듬고 꿈을 향해 힘차게 한 발을 내딛는 순간이다.

혼란을 다스리고, 신념과 목표를 뚜렷이 하며, 기회와 타이밍을 고려해서 액션플랜을 실천하는 것이다. 이때는 자신에 대한 믿음과 실패에 대한 두려움을 떨칠 용기가 있어야 한다.

리더는 외롭게 결단하고 결단 이후의 공과에 대하여 책임을 져야 하는 경우가 생긴다. 결단 이후 공은 구성원들에게 돌리고, 과는 온전히 짊어져야 한다. 리더도 인간인데 그런 책임의 무게가 달갑지는 않다. 그럼에도 불구하고 겁이 나서 결단을 내리지 못하는 리더가 있다면 그것은 직무유기를 하는 것이다.

리더에게는 잘못된 결단을 내리는 것보다 나쁜 것이 아예 결단을 내리지 못하는 것이다. 결단은 타이밍이다. 신중한 분석이 이루어지면, 이것이 최선이라는 확신이 들지 않더라도 '최고의 차선'을 뽑아 들고 출발하여 문제와 맞서는 담대함이 있어야 한다. 출발하기 위해 위대해질 필요는 없지만, 위대해지려면 출발부터 해야 한다.

인간에게는 살아가는 동안 역사에서 하나의 '별의 순간'이 있고 개인에게도 그 순간이 도래한다. 그 '별의 순간'을 포착하지 못하고 기회를 놓치면 역사의 흐름에서 자연스럽게 사라질 수밖에 없다. 리더가 되겠다는 사람은 절대적인 용기가 있어야 한다. 내 몸에 상처를 입을까 재는 사람은 안 된다.

결과가 성공을 보장하는 것은 거의 없다. 보장이 된다면 리더든 구성원이든 아무나 해도 되는데 그런 일이 있을 리 없다. 신중한 고려를 하되 확신이 생기면 덤벼들어야 한다. 나아가야 할 때에 망설이는 것은 리더로서 부적격이다. 스스로 조용히 역사의 무대에서 사라져버려야 한다.

리스크가 없으면 얻는 것도 없다. 결단이란 늘 실패의 가능성을 안고 있다. 그렇기 때문에 리더는 완벽함에 대한 유혹을 버려야 한다. 100% 확신할 수 있는 결단이란 없다. 100% 확신할 수 있다면 결단할 필요가 없다. 단지 평상시처럼 시작하면 될 뿐이다. 그것은 너무 자명하고 이미 일어난 현실이기 때문이다. 결단은 불완전한 정보와 환경 속에서 내리는 것이다.

그렇기 때문에 결단을 내릴 때 다음 사항을 생각해야 한다. '이 의사결정의 목적은 무엇인가, 지금 이 결단이 목적에 부합한가.' 물론 확실하게 예스라고 답할 수 있어야 한다. 또 '이 일에 내 이름을 걸 수 있는가, 나중에 잘못되어도 떳떳하게 말할 수 있는가.' 등의 질문에도 답할 수 있어야 한다.

결단에 정답은 없다. 결단은 항상 정답이 없는 상황에서 내려야 한다. 판단에 필요한 충분한 지식, 충분한 경험, 정확한 미래 예측은 쉽게 존재하지 않는다. 다른 것이 부족해도 내가 진정으로 원하는 것이라면 하는 것이 좋다. 그래야 후회하지 않는다. 결단해야 할 때 결단하지 않는 것은 가장 나쁜 태도다.

"시작과 창조의 모든 행동에는 한 가지 기본적인 진리가 있다. 그것은 우리가 진정으로 하겠다는 결단을 내린 순간, 그때부터 하늘도 움직이기 시작한다."

괴테의 말이다.

결단의 시점에서는 외로움과 두려움을 벗어나야 한다. 진정한 결단을 내리는 순간이 오면, 하늘도 드디어 움직이기 시작한다.

제4장

리더의 원칙

- 확신과 오류 -

1

증거자료를 활용하면 성과가 높아진다

사람들은 증거와 자료를 중요시한다. 다른 사람들이 어떻게 행동하느냐의 영향을 많이 받고 그중에서도 자신과 비슷한 사람의 영향을 가장 많이 받는다. 간단한 사례로, 모든 사람들이 공공 도서관에서는 조용히 하고, 커피숍이나 호프집에서는 크게 떠드는 것도 그 때문이다. 이런 증거와 자료를 통한 설득은 마케팅에 유용하다. 세계 판매 1위의 맥도날드는 광고할 때 수십억 명의 사람이 맥도날드를 먹는다는 사실을 강조한다. 모두 먹으니 당신도 안심하고 맛있게 먹으라는 얘기다. 제품에 만족한 고객들에게 사용 후기를 올려달라고 요청하고 채택되면 사은품을 지급하는 것도 그 때문이다. 잠재고객을 설득하기 위해 만족하고 있는 기존 고객과 만나게 하는 것도 방법이다. 이들을 세미나에 초청하되 섞일 수 있도록 좌석을 배치한다면 효과적일 것이다.

사람들은 본능적으로 다른 사람의 행동을 따라 하는 경향이 있다. 보도에 따르면, 캘리포니아에서 다수 가구를 대상으로 전기 사용량을 조사하고 비교할 수 있게 게시했다. 몇 주가 지나자 전기를 많이 소비하던 사람들의 전기 사용량은 5.7% 줄었다. 반면에 덜 사용하던 사람들의 사용량은 8.6% 늘어났다. 평균으로부터 벗어나는 것에 대한 심리적 불편함이 작용하여 사람들이 평균에 맞추려는 경향이 생긴 것이다. 평균에서 과도하게 벗어난 사실을 인지하게 되면 불안심리가 생긴다. 그래서 슬그머니 중간으로 오려는 경향이 나타난다.

위의 사례는 중간을 향한 회귀심리의 발동으로 이해할 수 있다. 특별히 생색나는 일이 아니라면 굳이 눈에 드러날 필요가 없다는 것이다. 보상이 확실히 주어지지 않는 곳에 명함을 내밀지 않으려는 심리와도 유사하다. 좋은 것에 편승하는 것은 행복하다고 여기고 불안정한 것에는 멀리 하려고 한다. 오차범위를 벗어나는 것보다는 오차 범위 안에 있는 것이 평화롭고 안전하기 때문이다. 피해의식이 심한 사람일수록 이런 경향이 강하다. 하지만 그것은 인지상정이고 탓할 일은 아니다. 문제는 이런 경향이 심해지고 고착화되면 사회의 진보에 더욱 멀어진다는 것이다.

일반적으로 다수에 편승하려는 심리, 나아가 일종의 군중심리는 증거의 힘과 연관이 있다. 대다수가 지켜온 오랜 관행에 따르면 크게 실수하지 않는다는 학습효과도 있고, 대중의 보편적 태도에 편안히 함께 하려는 '방어기제(防禦機制)'도 작용한다. 인간은 증거에 따른 평상심을 유지하려 애써 노력하며 그 과정에서 방어기제가 작동하는 것이다. 증거자료를 확인하면 우선 마음이 편안해져서 적어도 이를 따르면 큰 실수는 아닐 것이라는 생각이 들게 한다.

그러므로 다양한 부문에서 리더가 타인에게 설명하거나 설득할 때에는 증거자료의 힘을 잘 활용하면 성과를 높이기가 훨씬 용이하다. 커뮤니케이션이나 연설에서도 마찬가지다. 증거자료를 제시하는 커뮤니케이션은 신뢰를 높이고 목표를 달성하는 데 매우 유리하다. 특히 신제품의 마케팅이나 정책의 확산을 위하여 증거자료를 적극 활용하는 것은 더욱 효과적이다.

2

호혜의 원칙이 작용하는 커뮤니케이션

당신이 누군가를 속인다면 그는 무척 슬퍼할 것이다. 당신에게 속아 어떤 손해를 입었기 때문에 그가 슬퍼하는 것만은 아니다. 이제 더 이상 당신을 믿을 수 없게 되었다는 사실에 깊은 슬픔을 느끼는 것이다. 그렇기 때문에 믿음이 무너지는 상처를 서로 안기지 않도록 노심초사하게 된다. 무너진 믿음을 회복하는 것은 너무 어려운 것이기에 믿음의 일각이 무너지는 것마저도 그냥 놓치지 말아야 한다. 믿음에 대한 작은 상처는 크게 덧날 수가 있기 때문에 더욱 조심해야 한다. 믿음은 이처럼 너와 나의 관계를 지탱하는 결코 양보할 수 없는 안전판이고 디딤돌이다.

인간관계는 '주고받음'이다. 일례로 시식코너에서 뭔가를 먹은 사람은 그 제품을 살 가능성이 높다. 공짜로 먹었다는 사실 때문에 마음의 빚을 진 것으로 생각하고 이를 해소하고 싶어 하기 때문이다. 물론 평범한 사람에게 해당되는 것이고 영악한 사람에게는 해당되지 않는다.

'호의'는 타인의 마음으로 들어가는 열쇠다. 그래서 진정한 의미의 영향력 있는 사람이 되고 싶으면 먼저 다른 사람을 도와주거나 양보를 하는 것이 지혜로운 행동이다. 누가 나를 도와줄 수 있는지를 생각하는 대신, 내가 누구를 도울 수 있는지를 생각하는 것이 좋다. 이는 경영하는 사람들에게 중요한 철학이다. 경영의 본질은 다른 사람의 힘을 빌려 문제를 해결하는 것이다. 당신에게 빚진 기분을 가진 직원이 많을수록 그 회사는 번성할 수 있다.

커피숍에서 도장을 열 개 받아오면 공짜 커피를 주는 경우가 있다. 이럴 때도 미리 도장을 찍어주는 것이 효과적이다. 그냥 추가로 8번 오라고 한 경우보다 미리 두 개를 찍어주고 8개를 더 받으라고 하는 경우가 훨씬 효과적이다. 전혀 시작하지 않은 프로그램보다 일단 시작을 한 상태의 프로그램이 사람들로 하여금 그것을 완성하고 싶은 욕구를 강하게 한다. 또 목표달성에 가까워질수록 그것을 달성하기 위해 더 많은 노력을 한다. 받은 것에 대한 심리적 부담감이 보답을 자연스럽게 유도하고, 받은 것이 있으면 주는 것도 있어야 당연하고 덜 미안해진다는 생각을 가진다.

커뮤니케이션에서도 신뢰와 정직은 생명과도 같다. 속임

의 대화는 가면무도회와 다를 바 아니다. 커뮤니케이션에는 '호혜의 원칙'이 작용한다. 먼저 상대에게 베풀면 그는 빚진 기분을 느끼고 이를 갚으려는 잠재의식을 가지게 된다.

'당신이 친절하고 부드럽게 대해 주고 나를 격려해 줄 때, 정말로 나를 보듬어 안고 이해해 줄 때, 나는 가면을 벗어 던질 수 있습니다. 당신이야말로 내 속의 진짜 나를 다시 살릴 수 있습니다. 당신이 내게 얼마나 소중한 사람인지 알아주셨으면 합니다.'

커뮤니케이션은 이런 따스한 마음을 서로 주고받는 정신적 교류의 과정이다.

3

칭찬은 재화를 수반하지 않는 유일한 방법이다

서울 강남구 삼성동에 소재하는 인터컨티넨탈 서울 코엑스 호텔 건너편에는 '봉은사' 라는 사찰이 있다. 인근에 있는 한전부지는 1970년 1월까지 봉은사 소유의 토지였다고 한다. 이후 1970년 9월, 산업통상자원부의 전신인 상공부가 이 땅을 조계종 총무원을 통해 매입했다고 한다. 최근 대한불교조계종이 "한전 부지를 포함하여 봉은사 토지 10만 평을 돌려달라."며 대규모 기원법회를 열고 서울시를 규탄했다. 현재까지는 법적 대응보다는 정서법에 호소하는 모양새다. 되돌려받기는 쉽지 않아 보이지만 아무튼 귀추가 주목된다.

그런데 이 봉은사에서는 매년 1월 1일 새벽에 신년 타종 행사가 열린다. 잠을 깨울 정도로 큰 소리에 특히 외국인 고객들로부터 불평이 많았다. 그런데 새로 부임한 한국인 총지

배인은 맥락을 바꿔 고객의 불만을 만족으로 전환시켰다. 봉은사 새해 타종식을 아예 호텔 이벤트로 만들고, 타종 행사와 함께 열리는 행사 초대장을 투숙객들에게 보냈다. 고객의 불만요인을 버전을 바꾸어 호텔의 특별혜택으로 만들어버린 것이다. 타종식에 얽힌 재미난 사연도 적극적으로 알렸다. 이처럼 맥락이 바뀌면 전혀 다른 경험을 하게 된다.

2009년, 국회 보건복지위원장이었던 유명 아나운서 출신 변웅전 당시 의원은 상임위원회 소속 의원들을 부를 때 '존경하는 의원님'이라는 관행적 표현을 쓰지 않았다. 의원별 맞춤형 소개를 준비했다. '여당 간사로, 기둥 역할을 해주시는 A 의원님', '내리 3선을 하셨고, 그동안 국감 우수 의원으로 여러 차례 선정되신 B 의원님' 등이었다. 이런 소개 방식 덕분에 현안이 많은 상임위였음에도 불구하고 파행을 피할 수 있었다고 한다.

칭찬에 진정성이 담기기 위해서는 구체적이어야 한다. 사람을 소개할 때에도 전문성과 장점을 알려주면 당사자 모두를 고무시키면서 효과를 높인다. 칭찬과 덕담은 너와 나를 동시에 만족시키면서 재화를 수반하지 않는 유일한 방법이다. 놀라운 것은 한국인들 중 상당수가 무료인 이 방법을 부끄러워하고 사용하기를 부담스러워 한다는 것이다. 그래서 먼저 이 방법을 사용하면 효과가 상당히 높다. 알지만 대다수가 실천하지 않는 미개척영역이기 때문이다. 덕담에 관한 한 화끈하게 질러버리기를 권유한다. 물론 진실하고 젠틀하게 해야 한다.

명절이 다가오면 을과 기업들은 갑과 거래처에게 의례적으로 선물을 보낸다. 이른바 '명절 접대'를 하는 것이다. 을의 입장에서는 이를 소홀히 하면 큰 낭패를 당할 우려가 있기에 명절 전부터 매우 꼼꼼하게 준비하고 챙긴다. 하지만 받는 입장에서 진심으로 고맙게 생각하는 경우는 그리 많지 않다. 자신에 대한 진지한 관심 표명이라기보다는 현재 수행하고 있는 업무나 직책상 필요에 의해 주는 것이라 생각하기 때문이다.

'접대(接待)'보다 더 힘이 있는 것은 '대접(待接)'이다.

먼저 접대에는 목적성이 드러난다. 갑과 을의 입장이 분명하여 을의 입장에서는 갑의 은혜를 입어야 하므로 최선을 다해 갑을 행복하게 해주는 것이다. 이에 비하여 대접에는 순수성이 내포되어 있다. 대접은 상대방에 대한 진지한 관심을 바탕으로 합당한 대우를 하거나 마땅한 예로 대하는 것을 의미한다. 객과 주인의 입장으로 대변되는 것이다. 즉 초대한 주인으로서 순수성을 가지고 객의 행복을 만족시키면 되는 것이다.

한 제약 회사 영업 사원이 고객인 의사를 만났다. 의사는 국제학회에서 영어 발표를 앞두고 부담스러워했다. 그것을 알게 된 영업 사원은 회사에서 영어 발표를 가장 잘하는 직원을 대동해 의사에게 간단한 코칭과 조언을 제공했다. 비용이

들지 않는 도움이었지만, 고객의 입장에서는 의례적 선물과는 비교할 수 없이 고마워했고, 관계가 더 돈독해질 수 있었다. 사람들이 자신이 받은 호의에 대해 보답해야 한다는 의무감을 느낀다는 '상호성 원칙'은 밥이나 술로 접대하거나 선물을 준다고 발휘되는 것은 아니다. 상대에게 필요한 것을 맞춤형으로 도와주거나, 진지한 관심을 바탕으로 배려할 때에 더 큰 영향력을 발휘한다.

4

강력한 동기를 내포하는 일관성의 욕구

'일관성(一貫性)' 이란 고정된 위계와 질서에 의해 단일하게 이루어진 통일체가 아니라, 고유한 차이들 속에서 상호작용할 때에 나타나는 경향성을 말한다. 일관성의 법칙이란 우리가 지금까지 행동해 온 것과 일관되게 혹은 일관되게 보이도록 행동하려는 욕구를 말한다.

어떤 행동을 하거나 입장을 취하게 되면, 그러한 선택이나 입장과 일치되게 행동해야 한다는 심리적 부담감을 느끼게 되는 것이다. 이러한 부담감은 우리가 이전에 취한 선택이나 입장을 정당화하는 방향으로 행동하게 만들고 있다. 이렇게 일관성의 욕구가 강력한 동기를 내포하는 이유는 불일치는 일반적으로 바람직하지 못한 성격적 요소로 간주되기 때문이다. 마음을 자주 바꾸는 사람은 우유부단한 사람, 의지가 약한 사람으로 여겨지는 반면, 일관성은 논리, 이성, 안정성, 정직성의 핵심으로 인정받고 있기 때문이다.

일관성은 복잡다단한 현실을 비교적 쉽게 적응하는 지름길을 제공한다.

어떤 것에 마음을 결정하게 되면 그 결정을 고수하는 것이 여러모로 편하다. 더 이상 정보를 수집하기 위해 헤맬 필요가 없으며, 이럴까 저럴까 망설일 필요가 없기 때문이다. 망설임의 괴로움을 멈출 수 있는 것은 하나를 선택하고 나의 선택을 합리화하는 것이다.

'일관성의 법칙'을 간단히 표현하면, 마음먹기가 어렵지만 일단 마음을 먹으면 일관성을 유지하려 한다는 법칙이다. 문간에 발 들여놓기 전략이 대표적이다. 부탁할 때 큰 것부터 하지 말고 먼저 작은 것부터 하고, 이어서 점점 큰 것을 요구하라는 것이다. 이를 광고커뮤니케이션에 적용되는 사례도 있다.

선거에서 투표율을 높이고자 할 때 막연하게 투표해 달라고 광고하는 대신 '다들 투표하려고 하시네요. 투표할 예정이시죠.'라는 질문을 하는 것이 효과적이다. 질문을 받고 '아니요.'라고 용감하게 답할 사람은 많지 않고 대다수는 얌전하게 '예.'라는 답을 한다.

'예'라고 답한 사람은 질문을 받지 않은 사람보다 투표참여율이 상당히 높다고 한다. 답한 사람은 자신이 한 말 때문에 심리적 압박을 느낀다. 약속을 지키는 것이 선한 행동이라는 생각이 들기에 자신이 한 말을 지켜야 한다는 부담감을 가지게 되는 덕이다. 팀원들에게 목표를 적으라고만 해도 더 나은 성과를 이끌어낼 수 있다. 기록을 한 팀원들은 적었다는 사실만으로 부담을 느끼기 때문이다. 병원에서도 환자로 하여금 예약내용을 직접 적게 하는 것만으로 예약불발 비율을 줄일 수 있다.

요즘에는 '노쇼(No-Show) 현상'이 문제가 되고 있다. 예약을 했지만 취소한다는 연락이 없이 예약 장소에 나타나지 않는 것을 말한다. 외식, 항공, 호텔업계 등에서 주로 사용하는 용어로 '예약 부도'라고도 한다. 관련업계는 노쇼로 인해 큰 손해를 입고 있으며 특히 소규모로 운영되는 식당은 노쇼로 인해 가게 문을 닫기도 한다. 이에 예약을 하고 방문하지 않는 손님에게 위약금을 받는 경우도 있고, 심하면 블랙리스트에 올리기도 한다. 인기가 높은 공무원 시험도 상황은 비슷하다. 2016년 국가공무원 9급 공채 필기시험이 치러진 4월 9일, 22만 1,853명이 원서접수를 했지만 5만 8,062명이 시험장에 나타나지 않아 응시율은 73.8%를 기록했다. 26.2%의 노쇼가 발생한 것이다.

흔히 "조만간 식사해요. 연락할게요."라고 하는 경우가 있다. 이런 경우는 약속인 듯 보이지만 스쳐지나가는 말로써 이행이 거의 담보되지 않은 상태다. 흔히 인사치레로 사용한다. 가끔 진지한 성격의 사람은 이를 달력에 적어놓고 기다리다가 실망하는 경우도 있다.

한국에서는 '밥' 에 대한 인식이 만만치 않다. 결혼한 남자들이 여성에게 가장 실망하는 경우가 부부싸움 이후에 여성이 밥을 무기로 내세우고 끼니를 거르게 하는 것이라는 조사결과도 있다. 여성들이여, 불쌍한 남자들에게 밥을 무기로 내세우지 말기를 바란다. 그리고 앞의 사례처럼, 식사 약속은 빈말이라도 함부로 하는 것이 아니라는 생각이 든다. 자칫 자신이 인식하지 못하는 가운데 상대에게 보이지 않는 큰 실수를 하게 되기 때문이다. 적어도 한국사회에서는 식사와 관련된 약속은 민감한 사안이라 이를 남발하지 않아야 하고, 약속을 했다면 반드시 지켜야 한다는 생각이다.

사소한 것이든 묵직한 것이든 약속은 기본적으로 지켜야 한다. 말과 행동과 약속은 지키는 것에 존재 가치가 있다. 오락가락하는 것보다는 일관성을 유지하는 것이 올바른 태도라는 인식을 대다수가 잠재적으로 가지고 있다.

약속 지키기와 '언행일치' 의 중요성은 어린 시절부터 익히 교육받았다.

리더가 일관성이 없으면 믿음이 서지 않는다. 일관성은 신뢰의 바로미터다. 논어에 나오는 '무신불립(無信不立)' 이라는 말이 여기에 적용된다. 국가경영에 필요한 3대 요소로 식량, 군대, 백성의 믿음을 들었는데, 이 중에서 가장 으뜸이 '믿음' 이라는 것이다.

리더의 신뢰와 일관성은 매우 중요하다. 어제의 말과 오늘의 말이 다르다면, 상대는 내일의 말도 믿지 않을 것이다.

믿음에는 '휴일' 이 존재하지 않아야 한다.

5

완전한 열외는 존재하지 않는다

회사가 자발적으로 제품의 사소한 단점을 먼저 언급하면 고객은 광고하는 회사가 정직하고 믿을 만하다는 생각을 한다. 그 후 진짜 장점을 언급하면 더욱 설득력이 높아진다. 그래서 많은 회사들이 사소한 약점을 먼저 밝힌다.

"하루 세 번, 맛은 없지만 빼먹지 말아요."(구강청정제 리스테린)

"우린 좀 비싸요. 하지만 당신은 소중하잖아요."(로레알) 등이 그것이다.

주의할 것은 자진해서 털어놓는 것이 비교적 사소한 것이어야 한다는 것이다. 치명적이거나 감내하기 힘든 큰 단점은 수용의 대상이 아니라 배척의 대상이 될 뿐이다. 그리고 사소한 약점을 드러낼 때는 그 태도가 겸손해야 하고 반성이 수반되는 진정성이 실려야 한다. 제품에 약점이 있는 것처럼, 모든 사람들은 약점을 가지고 태어난다. 이것은 우리에게 겸손을 가르쳐 주기 위해 처음부터 약점을 함께 준 것이다. 약점을 스스럼없이 이웃에게 보여 그들의 닫혀 있는 마음을 열게 하는 것도 호감의 법칙과 맥락을 같이 한다.

사람들은 실수에 더 끌린다. 성공한 사례보다는 실패한 사례에서 많이 배운다. 실패한 사례로 훈련받은 소방관이 실패하지 않은 사례로 훈련받은 소방관보다 판단력이 더 향상된다고 한다. 따라서 훈련의 상당 부분은 과거에 한 실패와 그 실패를 피하는 요령, 그리고 앞으로 닥칠 상황에 대처하는 방법으로 되어 있다.

똑똑한 사람은 잘못을 인정한다. 똑똑한 조직도 잘못을 인정한다. 실패의 원인을 통제할 수 없는 외부적인 문제 탓으로 돌린 경우보다, 통제할 수도 있었던 내부적인 문제 탓으로 돌린 경우에서 상황이 더 좋아진다.

개인도 실수했다는 것을 깨달으면 즉시 인정해야 한다. 그리고 즉시 상황을 통제하고 바로잡을 수 있는 능력이 있음을 보여주는 후속 조치를 취해야 한다.

누구든지 실수하고 실패할 수 있으며, 실수와 실패에 완전한 열외는 존재하지 않는다. 중요한 것은 실수와 실패를 대하는 태도다. 현명한 군주는 항상 자기에게 단점이 있음을 생각해 나날이 좋아지지만, 어리석은 군주는 자기 단점을 옹호해 영원히 어리석어진다.

타인으로부터 호감을 얻기 위하여 할 수 있는 한 최선을 다하여야 한다. 당신이 할 수 있는 모든 수단과 당신이 할 수 있는 모든 방법으로, 당신이 할 수 있는 모든 장소에서, 당신이 할 수 있는 모든 시간에, 당신이 할 수 있는 모든 사람들에게, 당신이 할 수 있는 한 오래오래 정성을 다하여야 한다. 그러면 당신을 향한 그들의 호감은 언제나 함께 할 것이다.

6

조바심을 부르는 마케팅 커뮤니케이션

대다수 백화점에는 시계와 유리창이 없거나 드물다. 깜빡 잊고 달지 않았을 리는 없다. 거창한 논리를 떠나 간단히 생각하면 이렇다. 고객들이 시계를 자주 쳐다보면 쇼핑을 일찍 마칠 수 있기 때문이다. 유리창이 없는 것도 비슷한 이치다. 유리창을 통해 날이 어두워졌거나 날씨가 흐려진 것을 보면 물건을 보다가 서둘러 집에 갈 확률이 높기 때문이다. 다른 것에 신경 쓰지 말고, 백화점에 왔으면 오로지 쇼핑에 집중하여 바구니에 가득 채우고 많이 담으라는 이야기다.

또 백화점에서는 고객들이 에스컬레이터를 더 많이 이용하도록 유도한다. 건물의 끝 부분에 있는 엘리베이터와 달리, 에스컬레이터는 건물 한가운데 있다. 그래서 에스컬레이터를 타러 가는 동안 자기도 모르게 물건을 구경하게 된다. 이때 마음에 드는 물건을 발견하면 계획에 없던 소비를 한다.

백화점에서는 1층에 화장실을 설치하지 않거나 찾기 어렵게 되어 있다. 화장실에 가기 위해 백화점을 들른 사람도 놓치지 않고 고객으로 만들기 위해서다. 화장실을 가기 위해 최소한 2층까지 오고가다 보면 자연스럽게 진열 상품을 보고, 구입하고 싶은 마음이 생길 것이라는 기대감이다. 이처럼 백화점의 마케팅 경쟁은 저성장기에 따른 소비심리 위축에 저가 쇼핑몰이나 소셜마케팅이 늘어나면서 더욱 치열해졌다. 당연히 내방 고객에 대하여는 밀착 마케팅을 실시한다. 직원들은 고객에게 희소성을 강조하거나 희귀성이 있는 제품에 대하여 구매 욕구를 자극한다.

"재킷(jacket)을 구매하려고 백화점을 방문했다. 조금 마음에 드는 재킷을 발견했는데 매장 직원은 가장 잘 팔리는 인기제품이라 지금은 해당 사이즈가 없다며 다른 매장에 확인해서 구해주겠다고 했다. 그 점원은 다른 매장의 제품을 확인해 보더니 다행히 딱 하나 남았다며 구매를 권했다. 그래서 꼭 구매하려던 것은 아니었는데 오늘 사지 않으면 품절되겠다는 생각이 들어 결국 구매를 결정했다. 그런데 2주 뒤 백화점 다른 매장을 방문했는데 같은 상품이 여전히 걸려 있었다."

이런 유사한 사례가 가끔 발생한다. 사람들은 세상에 얼마 되지 않는 것들을 특히 더 소유하고 싶어 한다. 이런 특성을 '희귀성의 법칙(law of rarity)' 또는 '희소성의 법칙(law of scarcity)' 으로 부른다.

인간의 심리는 언제든지 잡을 수 있는 것보다는 쉽사리 가질 수 없거나 곧 사라져버릴 것 같은 것에 마음이 쏠리게 된다. 곧 사라지는 세상 모든 것들은 더없이 아름답게 보이고 가지고 싶은 욕구를 부른다. 하지만 흥분하지 않는다면 우리는 내부적 감정 상태의 점검을 통하여 적절한 경계 태세를 갖출 수 있다. 희귀성의 압력에 직면하였을 때, 우리는 희귀성의 대상에게서 얻고자 하는 것이 정확히 무엇인지 파악할 수 있어야 한다. 그래야 나를 합리적으로 제어하는 현명한 선택을 할 수 있다.

오늘이 마지막 날이라고 하거나 마감시각이 임박했다고 하면, 오늘 같은 기회는 앞으로 10년 내에는 오지 않는다고 하거나 더 이상 가질 수 없다고 느끼면 사람들은 조바심을 낸다. 그래서 마감시간, 한정 판매 같은 얘기를 하며 사람들을 유혹한다.

"30% 할인된 가격으로 구입하세요."라는 말보다 "30% 할인된 가격으로 신제품을 체험할 수 있는 마지막 기회를 놓치지 마세요."라고 말하는 것이 효과적이다. 단순히 '체험'이라는 말보다는 '마지막 기회'라는 말이 훨씬 '비장감'을 주면서 조바심을 부추긴다. 이런 것이 바로 '마케팅 커뮤니케이션'이다.

광고카피에서는 아이디어를 절감효과로 제시하지 말고 아이디어를 채택하지 않을 경우에는 똑같은 금액을 잃어버리게 된다는 식으로 메시지를 설계하는 것이 효과적이다. 박탈에 대한 두려움을 사람들이 감내하고 싶지 않는 심리를 자극하여 이를 구매력으로 연결시키는 방법이다. 소극적 손실보다는 적극적 손실을 강조하는 것이다.

부동산중개업을 하는 경우에는 고객이 매물에 관심은 있는데 결정을 내리지 못하고 망설이면 전화를 걸어 이렇게 말한다.

"강남에서 오신 고객 분이 어제 그 매물을 봤어요. 상당히 만족하고 살 생각이 있는데 결정해서 내일 방문한다고 하네요. 살 것 같아요. 사장님은 어떠세요."

그러면 고객들은 대부분 사는 쪽으로 고민을 한다. 망설이다가 큰일 나겠다는 생각이 순간 드는 것이다.

희귀성(稀貴性), 희소성(稀少性)에 대한 가치는 한정판 제품이 더 잘 팔리는 이유에서 알 수 있다. 마케팅을 위한 커뮤니케이션에서는 이처럼 희소성에 대한 자극이 매우 유용한 방법이 된다. 특히 한국 소비자의 희귀성에 대한 선호심리는 명품의 소비량 면에서 이미 세계적으로 알아준다. 언제든지 와서 원하는 가격으로 구입할 수 있다는 것은 하수의 마케팅이다. 당연히 제한된 시기에 특별한 사람들을 대상으로 품질에 대비하여 저렴한 가격대로 구입할 수 있다고 해야 한다. 여기에 이는 다시 오지 않는 기회라고 특별히 강조하여 덧붙이는 것이 마케팅에서는 효과가 높다.

마케팅 커뮤니케이션뿐만 아니라 일반적인 커뮤니케이션에서도 비슷한 이치가 적용된다. 오늘 듣지 않으면 다시 듣기 힘든 내용, 오늘 듣지 않으면 언제 다시 들을 수 있을지 기약하기 어려운 내용이라면 듣는 사람의 입장에서는 바짝 긴장하고 들을 수밖에 없다. 청중이 희귀성과 품절에 대한 심리적 압박을 가지게 되면 커뮤니케이션의 효과는 더욱 커진다.

희소성을 자극하는 광고카피를 보면 절묘하고 오묘한 비유가 있고 상상력의 범위를 가늠하기 어려울 정도의 명문장이 등장한다. 카피라이터의 창의성에 놀랍기만 하다. 상상이 숙성하여 홍삼농축액인 '정관장'처럼 순도 백퍼센트로 농축된 카피를 접하면 속이 시원하게 뚫리는 쾌감을 준다.

희귀성과 희소성을 건드리는 것은 인간 심리의 가장 얇은 막을 야속하게도 툭 치고 가는 것인데 그 막은 심한 울림 속에 어쩔 줄을 모르고 요동을 치는 것이다. 구매에 도저히 나서지 않을 수 없도록 감내하기 힘든 터치를 하는 것이다.

마케팅 커뮤니케이션의 위력은 이처럼 대단하다.

7

조직에는 치명적인 확증편향

한국 사회에서는 큰 사건이 발생하면 의견이 둘로 갈리는 경우가 많다. 많은 증거들이 나와도 거짓이라고 우기고 절대로 믿지 않는 사람들이 있다. 왜 그럴까. 사람들은 보고 싶은 것만 보고, 믿고 싶은 것만을 믿으려 하기 때문이다. 이를 '확증편향(確證偏向)' 이라고 한다.

우리는 대개 자신이 옳다고 생각하며 움직이는 경향이 있으며, 중립적이거나 애매모호한 증거에 대하여도 이를 의심하기보다는 자신의 생각을 지지하는 증거로 해석한다.

확증편향에 너무 기울어져 버리면 이미 확신하고 있는 지식과 다르거나 어긋나는 정보에 대해서는 받아들이지 않으려 한다. 언론도 그런 오류를 자주 범한다. 그들은 자주 화두를 하나 만들고 거기에 여러 증거자료를 갖다 붙인다.

예를 들어 "구글은 창조적 기업문화를 만들었기 때문에 성공했다."는 기사를 쓴다면 비슷한 기업문화를 가진 성공한 회사를 추가로 찾아 자신의 논리를 보편타당하다고 뒷받침한다. 그 반대의 경우로 창의적 문화를 장려하지만 성공하지 못한 회사, 현재 잘 나가고 있지만 전혀 창의적이지 않은 회사들도 많은데 이를 외면한다. 정해진 논리로만 맞추고, 다른 사례는 알면서도 무시해버린다.

확증편향과 관련하여 '인지 부조화(認知 不調和)' 이론이 있다. 이는 개인이 믿는 것과 실제로 보는 것과의 차이가 불편하듯이 인지 간의 불일치가 불편하므로 사람들은 이 불일치를 제거하려 한다는 것이다. '인지 부조화' 이론에서 나온 결과 중 하나는 자신의 태도와 일치하지 않는 과제에 참여하면 태도가 일치하는 방향으로 변한다는 것이다. 이는 불일치에서 생긴 '부조화 압력' 때문이다.

돈과 시간을 쏟아 부을수록 사람들은 그 계획이 성공하리라는 희망을 버리지 못한다. 이미 많은 시간과 돈, 에너지를 투입했다면 합리적 판단을 내리기 전에 매몰비용의 오류가 우리를 지배하게 된다. 객관적으로 분석하면 의미가 없는 것이 분명한데도 계속해서 투자할 수밖에 없는 상황에 빠지는 것이다. 지금까지 무엇을 얼마나 투자했든지 상관없이 현재의 상황과 미래에 대한 객관적인 전망 속에서 판단을 내리는 것이 중요한데도 그렇다.

현상이든 사업투자이든 확증편향으로부터 자유로우려면 확증편향에 맞서 싸울 수 있어야 한다. 이를 위해서는 자기 이론에 맞는 증거 이외에 맞지 않는 증거에도 귀를 기울여야 한다. 무엇보다도 확증편향에서 벗어나려면 자신에게 정직해져야 한다. 그리고 마음을 열고 객관적 진실에 귀를 기울여야 한다.

8

근거 없는 확신에서 벗어나야 한다

의사 결정의 오류를 줄이려면 소통을 위한 '열린 마음'이 필요하며, 이는 자신이 틀릴 수 있다는 것을 전제로 한다.

리더에게는 상대의 주장을 듣고 그것이 합리적이라면 자신의 주장을 바꿀 수 있을 정도의 치열한 '자기 검증'이 있어야 한다. '열린 마음'이란 영어로 표현하면 'I may be wrong'이다. 내가 상대보다 지위가 높고, 나이도 많고, 사회 경력도 많고, 더 성공했지만 나 역시 틀릴 수 있다는 전제를 깔고 있는 마음 상태다.

리더가 열린 마음을 가지기는 쉽지 않다. 그 이유의 하나는 '소유편향'이다. '소유편향(所有偏向)'이란 '내 생각'에 대해 가지는 근거가 없는 확신을 뜻한다.

소유편향에 빠져 있는 리더가 회의를 주재하는 장면을 상상해 보자.

일반적으로 성공에 대한 기억이 많은 리더일수록 소유편향에 빠지기 쉽다. 현재까지 본인 생각대로 해서 실패한 경험이 별로 없기 때문이다. 그는 구성원들이 아무리 좋은 아이디어를 내도 자기 머리에서 나온 아이디어가 더 좋다고 느낀다. 이어서 구성원들을 상대로 하여 '내가 해봐서 아는데'와 같은 일방적인 설득과 지시가 내려진다.

소유편향적인 리더는 회의를 시작하기 전에 자신의 생각대로 하기로 결론을 내정해 놓는 경우도 흔하다. 회의가 실질적인 토의와 결론도출의 기회가 아니라 형식적인 절차로 변질된 사례다.

비록 경험이 적거나 직급이 낮은 구성원의 의견이라도 과감하게 수렴하고 정책결정에 반영할 수 있어야 함에도 불구하고 애당초 그런 생각 자체가 머릿속에 존재하지 않는 것이다. 이런 일이 반복되면 리더의 판단이 모두 옳은 것으로 나중에 판명되더라도 문제가 여전히 계속된다.

구성원들은 리더가 회의 때 무슨 말을 하면 그때부터 그 말에 '토'를 달지 않는다. 리더의 판단이 맞을 것이라는 믿음도 일부 있겠지만 그보다는 아무리 말해도 리더의 생각이 바뀌지 않을 것이라는 체념이 생겼기 때문이다. 이러다 보면 회의 때 '진짜 토론'이 사라지고 침묵 속에서 잘못된 결정을 내리는 경우가 발생한다. 이런 현상을 '그룹 싱크(Group think)'라고 부른다. 똑똑한 다수가 모여 멍청한 의사 결정을 내리는 현상이다.

진정한 리더가 되려면 일시적으로 자신의 생각을 관철하는 데 급급한 리더가 되기보다는 마음을 열고 의견을 적극 수렴하는 자세로 변해야 한다. 짧은 리더가 되기보다는 길게 가는 리더, 조직의 장기적 발전에 기여하는 리더의 길을 가야 한다. 리더가 의견을 수렴하는 열린 마음을 가지고 이를 제도화하고 구성원들의 의견을 채택하는 데 주저하지 않는다면 조직이 활성화되고 조직목표 달성에 매우 효과적이다.

구성원들은 본인의 의견이 채택되는 기회를 가지게 되면 그로부터 조직에 대한 로열티가 급속히 높아진다. 직장인의 희열의 출발은 바로 그런 것이다. 구성원들에게 공정한 기회를 주고 과감히 옳은 의견을 채택하면 존경받는 리더가 될 수 있다.

리더는 내 의견을 밀어붙이는 자리가 아니라 타인의 의견을 공정한 절차를 거쳐 추려내고 가장 훌륭한 의견을 도출하는 자리다. 나의 무리한 주장은 다수의 반발을 초래하지만 나의 경청은 다수의 동참을 이끌어낸다.

타인의 의견에서 새로운 세계를 경험하는 것은 커다란 희열이다. 닫힌 마음에서 열린 마음으로 변해야 한다. 더 좋은 의견을 진정으로 소통하고 이를 통해 의사 결정의 오류를 줄이려면 나 스스로 상대의 말에 의해 마음이 움직여질 준비가 되어 있어야 한다. 마치 설득하려면 설득당할 준비가 되어 있어야 하는 것과 같은 이치다.

리더의 평가는 열린 마음을 가로막는 '소유편향' 과 '그룹싱크' 에서 얼마나 자유로운가에 달려 있다.

9

생각의 오류를 걸러내는 체크리스트

설정된 목적을 가장 효율적으로 달성하는 데 도움이 되는 생각을 합리적이라고 한다.

사람들의 이성은 합리적인 경우가 많지만 감성은 합리성과 일치하지는 않으므로 스스로 감성에 자주 휘둘리기도 한다.

사람들은 생각보다 비합리적이다. 좋아하는지 아닌지 명확하지 않고, 어제 좋아했던 것을 오늘은 선택하지 않기도 하며, 명백하게 이익을 보는 선택 앞에서 망설이기도 하고, 분명하게 손해를 보는 상황에 스스로 빠져들기도 한다. 그런 생각의 오류 때문에 사람들은 종종 인생을 바꿀 수도 있는 중대한 결정을 해버린다. 또한 재산을 잃을 수도 있는 순간에 어처구니없는 선택을 하기도 한다.

판단은 논리적, 분석적, 직관적 판단으로 나눌 수 있다. 어느 하나만으로는 완벽한 판단을 내리기가 어렵기에 이를 병용하는 경우가 많다. 개인의 성향도 각각 직관과 분석에 강점을 가지는 경우로 나뉜다.

생각의 오류는 직관적 판단에 의할 때도 일어나고 이성적으로 생각하고 관련 자료를 찾아보고 전문가에게 조언을 구한 이후에 내린 결정에도 발생한다. 사람들은 실수했을 때 '좀 더 깊게 생각했더라면' 이라고 후회하지만 그랬더라도 결과는 비슷한 경우가 많다.

생각의 오류는 시스템에 대한 과도한 의존과 논리적이고 이성적인 생각, 감성에 빠져서 흔들리는 심리상태 등이 복합적으로 작용하여 생성되는 그릇된 판단이다. 시스템이 오류를 방지해줄 것이라고 생각하기 때문에 시스템을 중요하게 생각하고 과도하게 의존하는 경향이 있다. 하지만 시스템에 입력하는 자료를 애초부터 잘못 설정하면 맹목적 의존에 빠지게 된다.

논리적이고 이성적이라는 기준도 완전무결한 것은 존재할 수 없고, 감성적 기제가 작동하면 이성적 질서를 일순간에 무너뜨리기도 한다. 그래서 수시로 저지르는 실수들 속에서 무엇을 경계해야 하고 무엇을 기억해야 하는지 분명하게 정리해야 한다. 그리고 이런 오류들에 현혹되지 않고 합리적이고 현명한 선택을 하도록 돕는 자신만의 체크리스트를 만들어야 한다.

익숙한 결과를 선호하는 사람들의 고유한 성향과 뭔가를

잃어버릴지도 모른다는 두려움은 변화에 대한 부담으로 작용한다. 변화를 통해 불확실하게 얻는 것보다는 이미 가진 것에 대하여 상실감을 느끼지 않는 쪽으로 현상유지적인 결정을 내리는 경향이 많다.

미래의 세계는 다양한 변수가 더 증대되고 복잡성이 더욱 늘어나므로 생각의 오류 역시 자주 그리고 심각하게 일어날 것이다. 하지만 생각의 오류들을 모두 없애는 것은 불가능하다. 다만 생각의 오류들을 인지함으로써 삶에 치명적일 수 있는 무분별함을 줄일 수 있다. 구체적 방법으로는, 생각의 오류들을 완전히 근절하는 것이 현실적으로 어렵기 때문에 작은 잘못에는 비교적 태연해지고 큰 잘못들을 우선적으로 바로잡으려고 노력해야 한다.

인생을 바꿀 수도 있는 중요한 결정은 이성적이고 합리적으로 결정하여야 한다. 반면에 결과가 미치는 영향이 크지 않을 때는 직관이 작동하도록 여백으로 남겨둔다. 그렇게 하면 중요한 일들에서 오류가 일어나는 것을 막을 수 있고 나머지 일들은 마음 편하게 정리할 수 있다. 이렇게 순간순간마다 자연스럽게 빠지는 대표적 생각의 오류들을 정리하게 되면 더 사려 깊게 되고 생각이 빠질 수 있는 함정들을 미리 깨달아 대처할 수 있다. 그리고 다른 사람들의 무분별한 행동과 성급한 결정들을 이해하게 되고 미리 대비하여 유리한 입장에서 그들을 상대할 수 있다.

생각의 오류를 걸러내는 것은 어지럽고 혼란스런 요소들을 명료하게 정리하는 것이다. 합리적 판단을 가로막는 '기존의 굳은 생각, 익숙한 경험, 오래된 습관'에 맞서 싸우는 동안, 왜 선택을 번복하는지, 후회 없는 결정을 내리는 방법이 무엇인지에 대한 해답을 비로소 깨닫게 될 것이다.

SUCCESS

제5장

리더의 커뮤니케이션

- 의사소통과 간결, 명료함 -

1

지시는 간결하고 분명하되 사족은 넣지 않는다

직장에서 업무 지시를 할 때는 정확하고 구체적으로 해야 한다. 모든 지시는 간결하고 분명하게 내리되 지시와 동시에 잔소리를 곁들이지 말아야 한다. 가장 형편없는 지시가 구질구질하게 말하는 것이다. 명쾌하게 짧고 분명하게 지시하는 것으로 족하다. 사족은 넣지 않는 것이 상대를 불편하게 하지 않는다.

계약 성사에 대해서 보고를 할 경우에도 보고의 핵심은 '결론부터 말하기' 다. 보고자의 처지에서는 계약 성사까지 얼마나 난관이 많았는지, 그것들을 얼마나 열심히 제거하고 처리했는지 말하고 칭찬받고 싶겠지만, 상사가 궁금해 하는 것은 결과물이다. 따라서 결론, 이유, 경위, 의견 순으로 보고하는 것이 좋다.

보고할 때는 형용사와 부사 등의 수식어는 자제하고 명료하게 말한다. 보고가 길어지거나 중간에 변화가 있는 경우에는 1회 이상 중간보고를 한다. 여기서 보고의 기본은 지시를 잘 받는 것이다. 지시 내용을 메모하고, 모호한 부분은 반드시 질문해서 명확히 해둔다. 일의 기한도 반드시 확인한다.

회의 중 의견을 말할 때는 결론, 근거, 부연설명 등으로 구성된 풀세트로 말해야 한다. 결론부터 이야기하지 않고 생각나는 대로 말하면 분위기가 산만해진다. 명확하게 결론을 이야기한 뒤 근거나 이유를 제시한다. 근거 부분에서 말을 흐리는 것은 금물이다. 풀세트로 말하되 각 부분이 길어져서는 안 된다는 것도 명심해야 한다. 최대한 짧은 문장으로 함축적으로 표현한다.

찬반이 명확한 주제에 대해 회의할 때는 찬성, 반대, 절충안, 유보안 중 하나로 분명히 말한다. 사람들 의견을 다 들어보고 대세를 따르는 것은 우유부단하게 보인다. 그러나 다른 사람의 의견에 반대할 경우에 '노.' 라고만 말하는 것은 옳지 않다. 이럴 때는 'YB 화법' 을 활용한다. 'Yes, But' 즉 '네, 생각이 옳습니다. 저도 어느 정도는 이런 점에서 동의해요. 하지만 저는 이 부분을 좀 더 보충해야 한다고 생각합니다.' 라는 식으로 말해야 한다. 이는 회의뿐 아니라 모든 업무 말하기와 사적인 대화에서도 명심해야 한다.

스스로 자문자답하는 것도 하나의 방법이다. 본인이 질문하고 본인이 답변하는 레토릭(rhetoric) 화법을 사용하는 것이다. 자칫 지루하게 공방이 일어나거나 짧은 시간에 누가 이의를 제기하여 충분히 대응하기 어려운 상황이 예상되면 '이렇게 말하면 예산이 부족해서 불가능하다고 말하는 사람도 있겠지만, 저는 예산 마련을 위한 대안도 생각했습니다.' 라는 식으로 상대의 궁금증이나 반론을 미리 말하는 것이다. 또한 현실적인 의사결정권자를 미리 파악하여 그에게 길고 진지하게 눈을 맞추는 태도도 중요하다.

요즘에는 소규모 모임이 매우 활발하게 생겨난다. 밴드나 카카오톡과 같은 소통수단이 생기면서 오히려 오프라인 모임이 활성화되기도 한다. 이런 자리에서 즉석으로 말을 해야 할 때가 있다. 예상된 공식적인 프레젠테이션의 경우 준비할 시간이 있지만, 즉석 커뮤니케이션과 같은 돌발 상황에서는 대다수가 어떻게 말해야 할지 몰라 곤란해 한다.

이럴 경우 몇 가지 키워드만 알면 무난히 커뮤니케이션을 끝낼 수 있다. 우선은 모임을 주최한 측에 대한 감사 인사를 건넨다. 그리고 모임과 본인의 관계, 즉 언제부터 이 모임을 참석하게 되었고, 모임에서 어떤 일들을 경험했으며, 모임이 자신에게 어떤 도움을 주었는지 등을 이야기한다. 그리고 앞으로 모임에 참석한 사람들과 자신이 어떤 관계를 맺고 싶은지를 언급하면서 마무리하면 무난하다. 시간은 2분 내외로 하는 것이 좋다.

주의할 것은, 모임 관련 에피소드는 1개 정도만 언급하는 것이 좋다. 길어지면 듣는 사람이 지루해 한다. 또 모임에서 본인의 비중을 지나치게 강조하는 것도 보기에 좋지 않다. 일반적으로 친목 모임은 위계질서가 없이 평등관계로 이루어지기 때문이다.

2

짧은 시간에 핵심만 전달하는 커뮤니케이션

'엘리베이터 피치(Elevator pitch)'는 어떤 상품, 서비스 혹은 기업과 그 가치에 대한 빠르고 간단한 요약 설명이다. '로켓 피치(Rocket pitch)'라고도 한다. 엘리베이터 피치라는 이름은 엘리베이터에서 중요한 사람을 만났을 때 자신의 생각을 요약하여 20초에서 3분이라는 짧은 시간에 전달할 수 있어야 한다는 의미로 지어졌다. 아주 짧은 시간에 자신이 원하는 메시지 또는 프레젠테이션의 핵심을 간결하고도 기억에 잘 남게 전달하는 것으로 '말하기 기법의 꽃'이라고 할 수 있다. 이는 첫 만남에서 1~2분 안에 결정되는 첫인상이 투자에 대해 절대적인 영향을 미치기 때문이다. 세계적 컨설팅 기업인 '맥킨지 앤드 컴퍼니'가 직원 채용 면접 때 이를 활용하는 것으로 유명하다.

엘리베이터 피치에 성공하려면 다음과 같은 점을 유의해야 한다.

전문용어를 배제한 채 본인의 비즈니스를 설명하고, 고객에게 초점을 맞추며, 한 가지 사례에 집중하고, 고객의 해피엔딩을 이야기한다. 전문용어를 남발하거나, 고객이 아닌 설득하는 본인의 처지에서 내용을 설명하며, 여러 사례를 뒤죽박죽 이야기하면 곤란하다. 나아가 이 사업이 궁극적으로 고객에게 어떤 혜택을 줄 수 있는지 확실하게 설명하지 못한다면 짧은 시간에 고객에게 아무런 인상을 남기지 못한다.

미팅 자리에서는 자신의 판단을 강요하는 것이 매우 위험하다. 있는 그대로의 사실만을 말하고, 판단은 상대방이 하게 한다. 중언부언 설명하는 것도 좋지 않으며 말하고자 하는 바를 간결하게 이야기한다.

최근 외국계 투자회사들은 한 줄 프레젠테이션, 즉 한 줄로 자신이 원하는 바를 이야기하는 것을 선호한다. 미국 등지에서 한 줄 소통을 대표하는 '트위터' 가 인기를 끌고 '엘리베이터 피치' 가 각광받는 것도 같은 이유다.

최근 우리나라에서도 짧은 시간에 핵심만 전달하는 말하기 기법이 각광받고 있다. 앞서 설명한 엘리베이터 피치의 유의점을 명심하고 평소 연습하는 것이 좋다. 다른 사람의 커뮤니케이션을 분석해보는 것도 연습이 된다. 업계의 전문용어나 의미 없는 수치, 지나친 사명감이 초래한 표현이 없는지 생각해보고, 자신이라면 어떻게 말할 것인지 고민해봐야 한다.

상당수 업무와 비즈니스 미팅 등은 직접 만나서 이뤄지지만 피치 못할 경우 전화로 진행될 때가 있다. 이럴 경우 표정 등 비언어적인 메시지를 전달할 수 없으므로 더욱 말하기에 유의해야 한다. 전화에서도 짤막하지만 대화의 단계를 모두 밟아야 한다. 즉 자신이 누구인지 명확하게 밝히고 시간을 빼앗는 것에 양해를 구한 뒤 용건을 말해야 한다. 이후 말하고자 하는 바가 제대로 전달됐는지 확인하고 그 내용을 다시 한 번 정리해준 다음 통화를 마쳐야 한다.

첫 통화에서 모든 목적을 이루려 하지 말아야 한다. 때에 따라서는 '본 전화' 이전에 '예고 전화'를 하거나 예고메시지를 보내서 양해를 받는다. 예고를 할 때에는 통화의 용건이 무엇인지 간단히 전달해 상대방으로 하여금 준비할 여유를 준 뒤 그 사람이 편안한 시간에 다시 통화해야 한다.

또 전화에서는 상대방의 나이, 성별, 학교, 직장, 고향 등 기본 정보 중에서 공감대를 끌어낼 만한 요소를 찾아내야 한다. 한 번은 서로 공감하며 웃어야 이후 대화가 원활해진다. 맞장구나 추임새도 대면할 때보다 2배 이상 해줘야 한다. 특히 전화에서 상대방의 말을 자르면 자칫 큰 불쾌감을 줄 수 있으니 끝까지 듣는 인내가 필요하다.

3

자신의 상품에 대한 장점에 초점을 맞추어야 한다

전화나 미팅에서 중요한 점은 외모, 사생활, 종교, 아이들 문제 등 지극히 개인적인 사항과 상대방이 꺼릴 수도 있는 주제에 대해서는 말하지 않아야 한다는 것이다. 대신에 음악이나 요리, 스포츠 등 상대방의 취향에 대해 칭찬하거나 관심을 표하는 것이 효과적이다.

특정한 상품을 비하하면서 자신의 상품을 올리는 것도 자칫 문제를 야기한다. 다른 상품의 단점보다는 자신의 상품에 대한 장점에 초점을 맞추는 것이 좋다.

"그 상품은 사실 광고비로 수익이 다 나가기 때문에 품질은 형편없어요. 저희 상품은 광고는 거의 하지 않지만, 대신에 품질이 정말 훌륭합니다. 오늘 아니면 이 상품을 이렇게 좋은 가격에 살 수가 없어요. 마지막 기회입니다."

이렇게 말하는 것은 영업할 때 가장 범하기 쉬운 잘못된 화법이다.

한 번에 모든 것을 얻어내려고 했고, 심지어 다른 회사 제품을 깎아내리기까지 했다. 영업과 같이 설득하는 말하기를 할 때는 과도한 욕심을 버리고 상대방의 생각에 잔잔한 파문을 일으키겠다는 마음으로 임해야 한다. 한 번에 모든 것을 얻어내려 하기보다는 여러 차례 작은 것으로부터 마음을 훔쳐야 한다는 것이다.

처음부터 물건을 팔려는 목적으로만 말하는 것은 금물이다. 거절을 당해도 괜찮다는 긍정적인 마인드를 가지고 말을 건네야 한다. 처음 만났을 때는, 이제 대면했으니 다음번에는 인사를 건넬 수 있겠다고 생각하고, 앞으로 더 만나면 친분을 맺을 수 있을 것이라고 생각해야 한다.

또 직접 상품에 대한 설명을 길게 늘어놓기보다는 고객에게 '이 상품에 대해 들어본 적이 있느냐?' 며 질문을 던지는 것이 좋다. 이후 고객의 말을 경청하면서 실제로 고객이 원하는 것이 무엇인지 파악한다. 여기서 유의할 점은 다른 회사의 제품을 흠집 내면 절대로 안 된다는 것이다.

타사 제품을 칭찬하는 고객에게 '그 제품도 좋다.' 고 말한 뒤 '우리 제품도 그에 못지않은 좋은 점을 가지고 있다.' 고 덧붙여야 한다. 여기에 우리 제품만의 강점을 자연스럽게 추가해야 심리적 저항을 막을 수 있다.

4

말을 아끼되 명료하게 말해야 한다

전화든 메시지에서든, 짧은 대화든지 미팅이든지 불문하고 생각나는 대로 표현하는 사람이 리더가 되는 것은 문제가 있다. 그를 따르는 많은 사람들이 불행해질 수 있기 때문이다. 위로 갈수록 해서는 안 될 말이 많아지고, 그것을 제대로 소화하지 못하면 말이 점점 더 꼬이게 된다.

직장동료에게도 절대 하지 말아야 하는 말이 있다. 사적인 비밀이다.

직장동료는 아무리 친해도 경쟁자다. 사적인 비밀을 전부 털어 놓는 것은 어리석은 일이다. 비밀을 공유하되, 상대방이 알아도 경쟁에서 활용할 수 없는 정도로만 털어 놓는다.

동료의 비밀은 반드시 지켜야 한다. 상대를 위해서가 아니라 자신을 위해서다. 말은 한 번 입 밖으로 나오면 돌고 돌아

당사자의 귀에 들어간다. 회사에 대한 부정적인 말도 자제해야 한다. 말이 새어나가 언젠가는 곤욕을 치른다. 이는 회사 내에서 자신의 평판을 깎아내린다.

듣기 싫어하는 농담이나 자존심 상할 만한 말도 삼간다. 별명 같은 것은 만들지도 부르지도 않는다. 공동 프로젝트를 할 때는 아무리 친한 동료 간에도 책임 소재를 분명히 하고, 잘못하지 않은 일은 자기 책임으로 떠안지 말아야 한다.

리더는 말을 아껴야 하지만 명료하게 말해야 한다. 대중이란 구체적으로 말해주면 옳은 판단을 하지만 추상적으로 말하면 엉망이 되는 경우가 자주 있다. 명료함이란 단순화에 있다. 단순화한다는 것은 본질을 명확히 한다는 것이다. 정치인은 자신의 말에 책임을 져야 한다. 확실하게 말하지 않는 정치인은 도망갈 구멍을 찾는 것으로 비쳐진다.

조직은 항상 강력한 리더가 있어야 움직인다. 열차를 예로 들면, 차량만 늘어놓았다고 움직일 수는 없다. 숙련된 기관사가 있어야 한다. 마키아벨리는 "최고지도자는 항상 유일하게 존재해야 한다."고 주장한다. 그는 "역량이 뛰어난 지도자 둘을 보내는 것보다 평범한 지도자 한 사람을 보내는 것이 현장 제압에 도움이 된다."고 말한다.

강력한 리더의 힘은 커뮤니케이션과 메시지의 힘이다. 리더의 말은 명료하게 분명해야만 혼선이 생기지 않는다.

5

'질문' 을 주고받는 사람이어야 한다

소크라테스는 질문의 중요성을 강조하였다. 그는 늘 대답하기 곤란한 질문을 사람들에게 던졌다. 질문은 자신의 무지를 통감하게 하고 탐구의 과정을 촉발시킨다. 질문에 대해 1차적인 대답이 주어지고, 그 타당성을 검증하는 과정에서 2차적인 질문과 대답이 제시되고, 만족스런 답이 나올 때가지 계속되는 것이 플라톤의 '변증법' 이다. 질문은 문제를 제기하고 탐구의 방향을 제시하는 것이고, 진리를 발견하는 결정적인 방법이다.

그런데 무조건 질문을 하는 것이 중요한 것은 아니다. 올바른 질문을 해야 한다.

1666년, 과수원의 사과나무 아래서 졸고 있던 뉴턴의 머리 위로 사과가 떨어졌다. 잠에서 깬 뉴턴은 사과가 왜 아래로 똑바로 떨어지는지 의문을 갖게 되었다. 그리고 마침내 그는 사과가 아래로 떨어지는 데에는 어떤 힘, 즉 중력이 작용하며 그 힘은 행성을 포함해 우주의 모든 만물에 적용된다는 사실을 깨달았다.

뉴턴은 너무 당연해서 물을 이유마저 없다고 생각되는 이 질문에 집착했고, 그의 질문 앞에 '만유인력의 법칙'이 드러났다. 질문은 진리를 밝히는 길이다.

1687년 뉴턴은 '자연철학의 수학적 원리'라는 책을 발표했다. 이 책은 뉴턴의 세 가지 법칙 즉 '관성의 법칙, 운동의 법칙, 작용과 반작용의 법칙'과 만유인력, 천체의 운동에 관한 내용 등이 담겨 있다. 이 책은 출간되자마자 걸작으로 칭송받았다. 철학자 존 로크는 뉴턴을 신처럼 여기기까지 했다고 한다.

1727년 3월 20일, 뉴턴은 85세의 나이로 세상을 떠났다. 뉴턴은 자신에 대해 이렇게 말했다.

"나는 세상에 내가 어떻게 비치는지 모른다. 하지만 나는 내 자신이 '바닷가에서 노는 소년'이라고 생각했다. 내 앞에는 아무것도 발견되지 않은 진리라는 거대한 대양이 펼쳐져 있고, 가끔씩 보통 것보다 더 매끈한 돌이나 더 예쁜 조개껍질을 찾고 즐거워하는 소년 말이다."

하지만 그는 단순한 소년이 아니었다. 그는 거인이었다. 그리고 훗날 또 다른 과학자들이 그의 어깨 위에 올라서서 더 먼 곳을 보았다.

이제까지 경영자는 조직 전체의 운명을 좌우할 결단을 내리는 사람이었다. 조직 구성원들은 경영자를 쳐다보며 그의 명령만을 기다리는 경우가 많았다. 하지만 이러한 고독한 결단의 리더십은 더 이상 타당하지 않다. 경영자는 먼 곳을 바라보고 질문하는 사람이어야 한다. 질문하는 리더는 우유부단하고 결단력이 부족하다는 오해가 생길 수 있다. 구성원 중에서는 리더가 단호하게 업무를 지시하길 바라는 경우도 많다.

그러나 현대 사회는 경영자 한 사람이 모든 것을 알 수 있는 시대가 아니다. 사회현상과 경영환경이 복잡다단하고 전문성도 갈수록 심화되고 있다. 직감에 의해 불확실한 결론을 밀어붙이는 것은 금방 한계에 부딪힌다.

리더는 올바른 비전을 설정할 수 있는 능력, 이를 조직 구성원에게 전파할 수 있는 능력, 마지막으로 비전을 실행에 옮기는 능력을 갖추고 있어야 한다. 그리고 그 과정에서 끊임없이 질문을 던질 줄 알아야 한다. 구성원들과의 의사소통이 활발하게 이루어져야만 비전에 대한 실행력이 담보될 수 있다.

리더는 고독한 결단보다 구성원들과 함께 '질문'을 주고받는 사람이어야 한다.

6

질문은 질책이 아니라 의사소통의 방법이다

경영자에게 질문은 반드시 필요하지만, 만일 필요 이상으로 많은 질문을 한다면 그것도 문제다. 구성원들은 리더의 지나친 질문에 대하여 심리적 부담을 많이 느낀다. 답변을 잘하면 좋은 평가를 받을 기회가 되지만 자칫 실수를 하거나 오류를 범하면 능력 부족으로 낙인찍힐 수 있기 때문이다.

리더의 질문은 조직의 문제점을 진단하고 일정 수준의 긴장감을 주며 의사소통의 좋은 기회가 되기도 한다. 문제는 질문의 방식이 잘못된 경우가 많다는 것이다. 잘못된 질문은 일방적 지시보다 더 해로운 결과를 초래하기도 한다.

질문은 자유로운 사고를 촉발하고 생각을 미지의 영역으로 확대해 준다. 긍정적 작용이다. 그러나 생각을 오히려 막아버리는 폐쇄형 질문이 있다. 단도직입적으로 결론을 내라고 강요하는 질문, 단답형 질문, 또는 '무엇', '언제', '얼마나' 등으로 시작하는 질문이 그것이다. 이런 질문은 자유로운 답변을 방해한다. 분위기가 고압적이고 몰아세우듯이 질문을 하는 것은 과연 답변을 바라고 하는 것인지 다른 의도가 있는 것인지 의심을 받기도 한다. 질문은 창의력을 자극하여 발전의 동력이 되도록 해야 한다.

질문은 질책이 아니다. 질문은 갑이 을에게 가하는 특권이 아니어야 한다. 질문은 리더가 구성원에게 가하는 정신적 테러가 되지 않아야 한다. 질문은 경청과 함께 가장 중요한 의사소통의 방법이다. 질문은 공감대를 형성하는 접점에서 서로를 이해하는 출발이다. 질문과 답변을 통해서 서로를 이해하고 장점을 살리고 단점을 치유하고 나아가 조직 발전을 위한 새로운 지향점에 도달할 수 있다.

개방형 질문이 이해, 공감, 소통 등에 비중을 두는 데 비하여 폐쇄형 질문은 시간, 장소, 대상, 수치 등의 정보에 치중한다. 대표적인 것이 수치에 대한 질문이다. "몇 명이 동의했는가?", "총액이 얼마인가?", "몇 개월이 걸리는가?" 등이다. 이런 유형의 질문은 1회의 대답으로 문답이 끝나버리며 순식간에 분위기를 딱딱하게 만들어버린다.

질문은 추궁의 전 단계여서는 안 된다. 오히려 칭찬의 전 단계가 되어야 하는 것이다. 동기부여나 격려의 전 단계이면 더욱 좋다. 특히 권위적인 리더가 현장을 방문할 때 이런 숫자에 관한 질문이 많다.

질문은 질문자의 쾌감을 위한 도구가 아니다. 질문은 압박의 방식이 아니라 공감의 방식이 되어야 한다. 이런 질문은 관련자들에게 관련 수치를 모두 암기하게 만드는 부담을 주기에 당사자는 몹시 부담스러워 한다.

특정한 대답을 사실상 강요하는 유도질문도 있다. 권위적인 리더는 질문할 때 궁금한 것을 묻기보다 자신의 의중을 구성원에게 강요하려는 경향이 있다. 질문자의 의중을 더 분명하게 표시하기 위해 복합질문의 형태를 띤다.

"OOO 부장을 어떻게 생각합니까? 너무 문제가 심각하지 않습니까?"

이 정도는 동의를 강요하는 수준이다. 형식은 의문문이지만 실제는 명령문에 가깝다.

누구든지 생각의 차이는 존재하는 것인데 생각의 일치를 강요당하는 느낌을 받으면 심리적 거부감이 생긴다. 공감과 일치는 완전히 다른 개념이다. 공감은 자발적인 심정적 동의를 말하지만, 일치는 강요에 의한 동의까지를 포함하는 것이다.

다음은 심문형 질문이다. 심문은 자세히 따져서 묻는 것이다. 법적으로는 법원이 당사자나 이해관계자에게 서면이나 구두로 개별적으로 진술할 기회를 주는 것을 의미한다.

리더 앞에서 구성원은 약자다. 그래서 힐난하거나 고압적인 질문은 구성원을 정신적으로 궁박하게 만든다. 질문은 지나치게 타이트하게 몰아붙이지 말아야 한다. 질문은 권력행위가 아니다.

질문의 방법도 친절해야 한다. 질문은 수사과정이 아니다. 편안한 분위기와 리더에 대한 어느 정도의 신뢰가 확보된 후에 질문을 시작해야 한다. '도대체 문제가 무엇인가요, 이 정도밖에 못 합니까? 이것을 기안이라고 만들었나요?' 라는 단도직입적인 질문은 구성원의 변명과 방어적 태도에 직면한다. 그런 질문은 전혀 목적을 달성하지 못한다.

질문은 리더에게 스트레스 해소의 장이 되지 않아야 한다. 리더에게는 스트레스 해소가 되고 구성원에게는 스트레스 축적이 된다면, 그런 리더는 자격이 없는 존재다.

좋은 질문은 조직의 학습 분위기를 조성하기 위한 최적의 대안이다. 풍부한 독서량, 사물에 대한 깊은 관심, 사색의 축적이 없이는 좋은 질문을 할 수 없다. 질문에는 리더와 구성원 사이에 의사소통의 스킬이 뒷받침되어야 한다. 허심탄회하게 대화할 수 있는 상호 신뢰의 기반도 필요하다. 질문으로 쌓아가는 리더십은 리더에게는 경영의 고급 기술이다. 리더는 우선 나쁜 질문을 하지 않아야 한다. 조직 내에서 이루어지는 수많은 질문들은 조직의 운명을 바꿀 수도 있다. 이제 질문다운 질문을 하는 방법은 리더에게 중요한 과제가 되었다.

7

자신의 의견을 밀어붙이지 말아야 한다

지속적으로 높은 성과를 내는 팀의 중요한 특징 중 하나로 탁월한 '커뮤니케이션' 역량을 들 수 있다. 팀 커뮤니케이션 활성화를 위해 리더가 해야 할 일은 무엇인가. 우선 개방적이고 솔직한 커뮤니케이션이다. 열린 커뮤니케이션을 통해 서로의 견해와 아이디어를 자유롭게 공유하고 업무를 지속적으로 개선하게 된다. 또한 유대감을 다지며 탁월한 팀워크를 발휘함으로써 팀 성과와 기업 성과를 향상시키게 된다. 팀의 커뮤니케이션 역량이 높다는 것은 단순히 구성원들 간의 대화와 합의가 원만하게 이루어진다는 것이 아니다. 그것은 서로의 의견 차이 때문에 격렬히 다투더라도 최고의 대안을 위해 노력하고 그 결과를 서로 인정하는 것을 의미한다.

이러한 팀 커뮤니케이션 역량을 높이려면 업무 구조의 변경, 교육훈련 등 다양한 방법이 가능하겠지만, 결국 팀 리더가 가장 중요하다. 팀의 분위기에 가장 큰 영향을 미치는 것이 바로 리더십이다. 이는 대다수 팀원들의 경우 의식적 혹은 무의식적으로 리더를 조직의 롤 모델로서 인식하고, 리더의 언행을 따라하려는 경향을 보이기 때문이다. 또한 리더가 조직 내 중요한 정보와 팀 관련 사항에 대한 최종 의사 결정권을 쥐고 있기 때문이다. 그러므로 리더가 주도적으로 나서서 대화와 토론을 유도하지 않으면 팀 내에 활발한 커뮤니케이션이 이루어지는 분위기를 형성하기는 어렵다.

리더는 커뮤니케이션을 활성화시키기 위해서 구성원들이 편하게 대화를 나눌 수 있는 분위기를 만들어야 한다. 자신의 견해를 노출하는 것은 팀원들이 리더 및 동료들과의 관계에서 편안함을 느낄 때 가능하다. 관계가 불편할 경우, 서로 대화를 꺼리게 되고 상대와 직접적으로 대면하는 것을 피하기 마련이다.

먼저 리더와의 관계에서 팀원들이 편안함을 느끼고 자연스럽게 이야기할 수 있으려면, 무엇보다 리더에게 유연한 태도가 필요하다. 리더가 자신의 가치관이나 의견을 너무 당연한 듯이 밀어붙일 경우, 소신 있게 자기 견해를 밝힐 구성원은 별로 없다. 사람들은, 자신의 생각과 견해를 강한 투로 상대에게 인정시키려는 사람들과의 대화를 부담스러워 하기 마련이다.

팀의 책임자인 리더와의 관계에서는 그러한 부담감이 더

욱 가중된다. 자유롭게 의견을 말하라고 하고는 듣다가 중간에 말을 끊어 버리는 경우도 자주 있다. “네가 하고 싶은 말은 이것이지.”라고 지레짐작하며 말을 중간에 자르기도 한다. 이런 경우 구성원은 심한 좌절감을 느낀다. 구성원은 더 이상 말을 하고 싶은 생각이 사라져버린다. 그러므로 리더는 구성원들의 의견을 언제든지 듣고, 의사 결정에 반영하겠다는 태도를 더욱 명확히 해야 한다.

8

마지막까지 비판을 자제해야 한다

리더가 유연한 태도를 가지려면 필수적인 요소가 '경청'과 '질문'이다. 경청은 팀원이 이야기하는 취지를 제대로 이해하며 듣는 것을 말한다. 즉 구성원의 이야기를 끝까지 듣는 것만이 아니라, 자신이 이해한 내용이 맞는지 혹은 이해가 가지 않는 부분에 대해서는 무엇을 뜻하는지 질문하는 과정까지 포함한다. 질문은 구성원에게 자신의 견해가 존중받고 있다는 느낌을 줌으로써 구성원들이 보다 적극적으로 대화에 참여할 수 있도록 만들어 준다.

다음으로, 구성원 간의 편안한 관계 형성을 위해서는 팀원들이 부담 없는 대화를 많이 할 수 있도록 하고 인간적 친밀감을 느끼도록 만드는 것이다. 스터디 그룹을 지원해 준다든지, 등산이나 스포츠, 영화나 공연 감상 등 공동의 취미 생활을 할 수 있도록 지원해 주는 방안이 있을 수 있다. 자유롭게 대화할 수 있는 분위기가 만들어지더라도, 다른 사람의 견해에 대해 평가를 하는 것은 또 다른 문제다.

대다수 사람들은 상대방에게 부정적인 피드백을 하는 것을 싫어하고 부담스러워한다. 그러나 객관적이고 명쾌한 비판의 목소리가 없이 팀 내에서 합리적인 의사 결정이 내려지기는 매우 어렵다. 적절한 비판의 과정이 있을 때 비로소 당면한 문제의 핵심이 무엇인지를 더 구체적으로 알게 되고 적합한 대안을 도출할 수 있기 때문이다.

대안들에 대한 평가 없이 의사 결정을 내리는 것은 실행과정에서 위험에 처할 가능성이 매우 높다. 그러므로 최적의 의사 결정을 위해서는 구성원들이 여러 대안들을 놓고 날카롭게 평가하도록 만들어야 한다. 이를 위해서는 리더의 의사결정과 평가의 스킬이 필요하다. 이는 리더가 앞서서 비판하라는 것이 아니다. 리더는 오히려 제일 마지막까지 비판을 자제하는 것이 바람직하다. 처음부터 리더의 비판이 쏟아져 나오면, 누구도 솔직한 의견을 내놓으려 하지 않는다. 리더는 합리적인 평가를 한 구성원들에게 긍정적인 피드백을 함으로써 구성원들이 평가에 적극 참여하도록 유도해야 한다.

9

'틀린 것' 이 아니라 '다를 뿐' 이다

리더는 지혜롭게 갈등을 관리해야 한다. 여러 의견들에 대한 평가와 비판은 적합한 대안과 새로운 아이디어를 발견해 내는 촉매제 역할을 하지만, 구성원들 간의 갈등을 유발하게 된다.

전통적으로 갈등은 조직 내 스트레스를 유발하고 응집력을 약화시킨다고 알려져 있다. 그러나 다양한 연구 결과에 따르면, 적정 수준의 갈등은 오히려 조직에 활력을 불어 넣어주고 구성원들로 하여금 보다 창의적 아이디어를 발산할 수 있게 해준다.

그러므로 리더는 구성원들 간의 갈등을 적절히 관리함으로써 그 부정적 영향을 최소화하면서, 팀 내에서 대화와 토론이 활발하게 이루어지도록 환경을 조성해야 한다. 또한 구성원들 간에 지식과 정보를 활발히 공유하고 상호 존중하는 분위기를 조성함으로써 팀워크를 증진하고 성과를 높일 수도 있다.

의사 결정 과정에서 발생하는 갈등은 두 가지로 나누어 볼 수 있다. 하나는 문제를 해석하는 관점과 견해의 차이에서 오는 갈등이고 다른 하나는 업무를 수행하는 스타일의 차이에서 오는 갈등이다. 동일한 문제를 놓고도 사람에 따라 해석이나 대처 방법은 다양하다. 어떤 방식이 잘못되었다고 섣불리 결론을 내릴 수는 없다. 이때 효과적으로 갈등을 해소하기 위해서는 어떻게 해야 하는가.

먼저 관점과 견해의 차이로부터 오는 갈등의 경우를 보자.

구성원들은 각자 나름의 경험, 논리, 근거 자료 등을 바탕으로 동일한 문제에 대해 각각 다른 대안을 제시할 수 있다. 이때 리더는 먼저 공유 가치의 달성, 재무적 성과 향상, 시장 점유율 향상, 고객 만족 등과 같은 목표의 우선순위를 명확히 한 후, 목표 달성을 위해서 어떤 상품이 더 적합한지 토론하여 적절한 대안을 선택할 수 있어야 한다.

다음으로 업무 수행 스타일의 차이에서 오는 갈등의 경우, 이를 방치하면, 구성원들 간에 불협화음이 생기고 직무에 대한 몰입도가 떨어져 성과에 부정적인 영향을 미치게 된다. 리더는 구성원들이 서로의 차이를 인식하도록 하여 소모적인 갈등을 사전에 방지하고, 상호간의 부족한 점을 보완하게 해야 한다. 각 구성원들이 '틀린 것' 이 아니라 '다를 뿐' 이라는 것을 이해할 수 있어야 한다.

갈등에서 오는 긍정적 효과를 충분히 향유하며 효과적으로 관리하기 위해서는, 갈등 자체가 나쁜 것이 아니며 목표 달성에 오히려 긍정적인 효과를 발휘할 수 있다는 것을 팀원들에게 분명히 인식시켜야 한다. 즉 갈등은 피해야 할 것이 아니라 적절히 관리해야 할 대상임을 명확히 알려 주는 것이다. 이는 구성원들이 상호 협력하여 갈등을 해결해 나갈 수 있도록 자신감을 불어 넣는다.

팀에서 내린 의사 결정은 회사의 예산이나 자원의 한계, 다른 부서와의 관계, 전체 조직 전략 등의 측면에서 적합하지 않아 실행에 옮기기 어려운 경우도 생긴다. 이는 팀 구성원들의 사기와 향후 노력에 부정적인 영향을 미치게 된다. 실행되지 않을 거라고 생각하는 의사 결정에 동료들과의 갈등을 감내해 가면서 적극적으로 참여할 사람은 별로 없을 것이기 때문이다.

그러므로 팀 리더는 지속적인 접촉 및 정보 공유를 통해 의사 결정에 있어 제약 조건들이 무엇인지 명확히 인지하고 이를 구성원들에게 알려 주어야 한다. 실현 가능한 대안을 분별할 수 있는 기준을 제공해야 한다. 이는 팀에서 결정된 사항의 실현 가능성을 높여 구성원들의 사기를 제고함으로써 향후 구성원들이 보다 적극적으로 커뮤니케이션에 참여할 수 있게 만든다.

커뮤니케이션 역량을 강화한다는 것은 쉬운 일이 아니다. 그렇지만 리더가 다른 구성원들과 토의를 통해 창출된 아이디어가 더 나을 것이라는 믿음을 가지고 지속적 노력을 경주한다면 목표 달성이 어렵지 않다.

10

전략적 PI를 해야 한다

기업의 이미지는 기업 가치에 상당한 영향을 미친다. 그래서 기업들은 회사의 바람직한 이미지 구축과 관리를 위해 적지 않은 비용을 투입한다. 이러한 기업이미지, 즉 기업정체성을 흔히 'CI(corporate identity)' 라고 한다.

하지만 CI 못지않게 CEO(최고경영자)도 기업의 이미지와 가치에 상당한 영향을 끼친다. 일반적으로 이를 구분하여, 최고경영자의 이미지, 즉 'PI(Personal identity, President identity)' 라고 부른다.

경우에 따라서는 경영자의 이미지가 회사 전체의 이미지를 좌우하기도 한다.

PI는 선천적인 요인에 영향을 받지만, 본질적으로 PI는 관리가 가능하다. 자기수련과정을 겪으면서 PI도 변화하고 발전한다. PI 전략은 특히 최고경영자의 대외 이미지를 제고하는 동시에 기업 가치를 올리는 전략으로 통한다.

기업에서 PI를 효과적으로 수립하고 실행하려면 다음과 같은 점을 유의해야 한다.

첫째, 최고경영자의 이미지는 차별적인 정체성을 구축하고 지속적인 관리가 필요하다.

기업 내외부의 환경으로부터 요구되는 목표 이미지를 설정하고 이를 달성하는 전략적인 메시지를 도출한 후 이를 기업경영의 콘텐츠 속에서 살려내는 방법을 개발한다.

둘째, 공개적인 태도를 갖춘다.

대중에게 회사와 매력적인 최고경영자의 모습을 적극적으로 홍보하여 대중과 투자자, 직원들에까지 인지도와 친밀감을 높인다.

셋째, 화제를 만든다.

최고경영자는 언론 인터뷰를 통해 대중들에게 알려진다. 이때 기업현안과 시의적절한 관심사항에 대해 기업입장과 의견을 자신의 논리로 명쾌하게 설명할 수 있어야 한다.

넷째, PI의 시작은 사내에서부터 시작된다.

대부분의 경영철학, 이념 등 기업방침은 최고경영자에서

출발한다. 브랜드 개발전략의 밑받침은 사내평판 및 브랜드의 중요성을 인지하는 것이다. 이를 통해 자신의 이상적인 브랜드이미지가 창출된다.

다섯째, 에피소드를 만들어 자신의 트레이드마크로 만드는 것이 중요하다.

대중들은 경영자의 배경에도 주의를 기울이지만 일상생활 속의 에피소드에서 더욱 감동을 받는다. 에피소드는 대중들에게 부드럽고 친근한 이미지로 다가서게 하는 효과적인 수단이다.

여섯째, 주위의 네트워크를 관리한다.

최고경영자 주위에는 각종 전문가들이 포진해 있다. 최고경영자는 전문가들을 적재적소에 배치하고 그들의 코디네이터 역할을 하는 것이 중요하다. 아울러 다른 업종과의 네트워크를 끊임없이 만들고 그들과 교감하는 것도 필요하다.

최고경영자의 이미지는 개인의 이미지로 끝나는 것이 아니라 해당 기업과 조직에 대한 사회적 평판을 좌우하고 주식가치 등 기업에 대한 가치 평가에 큰 영향을 미친다. 기업 내부적으로도 적극적인 PI를 통해 구성원이 자기 조직에 대해 긍정적으로 인식하게 하고 로열티를 견인해 낼 수 있다. 하지만 충실한 PI가 쉬운 작업은 아니다.

책을 출간하고 강연을 하고 기고를 하고 언론 매체와 인터뷰를 하고 소셜미디어를 적극 활용한다고 해서 성공적인 PI 또는 이미지 메이킹이 이루어지는 것은 아니다.

공중(Public)과의 접점을 무작정 늘린다고 해서 그것에 비례해 본인과 조직이 원하는 방향으로 긍정적 이미지가 자동적으로 쌓여 가는 것도 아니다. 물론 인지도는 높아질 수 있다. 전략이 부족하고 준비되지 않은 PI 활동은 최고경영자로서의 단순인지도를 높이는 수단은 될 수 있지만 본래의 정의에 충실한 PI 작업이 아니다.

11

PI는 PR보다 훨씬 섬세한 커뮤니케이션이다

CEO의 이미지를 높이기 위하여 CEO 자신이 직접 실시한 강연의 모니터링에서 다음과 같은 의견이 나오면 PI는 어떤 평가를 받아야 하는가.

"겸손하지 못했다, 반말을 주로 구사했다, 주머니에 손을 넣었다, 자화자찬이 심했다, 핵심이 무엇인지 모르겠다, 강의 준비가 부족했다, 성의가 없어 보였다, 시종일관 어려운 전문 용어를 구사했다, 학생들은 강연 내용을 잘 이해하지 못하고 연방 고개를 갸우뚱했다, 분위기를 띄우려고 던진 욕설성 농담은 여학생들의 눈살을 찌푸리게 했다."

이런 상황이라면 리더와 그의 회사는 얻은 것보다 잃은 것이 훨씬 많다. 회사 실무진은 대학생들을 대상으로 CEO 외부 강연을 시행하여 리더의 대중적 이미지를 높이고자 했을 것이다. 그리고 회사의 이미지도 함께 높이려는 목표를 세웠을 것이다. 그러나 강연이 끝난 뒤 참석한 대학생들에게 모니터링을 한 결과 위의 예처럼 부정적인 의견이 더 많았다면 리더로서의 이미지를 전달하는 데 완전히 실패한 것이다. 이런 예는 전략적 준비 없이 진행된 CEO 이미지 메이킹 작업이 오히려 부정적인 결과를 초래할 수 있다는 것을 보여준다.

흔히 PI를 'President Identity' 라고 이야기하는 경우가 많은데 이것은 잘못된 것이다. 정확한 표현은 'Personal Identity' 이다. 언론 매체 등을 통해 PI가 주로 기업 CEO들을 대상으로 언급되기 때문에 인지 오류가 생긴 것으로 보인다.

PI의 대상은 유명도와 직위를 떠나 기업 CEO 뿐만 아니라 정치인, 유명인, 연예인, 스포츠 스타 등 모든 개인을 포함한다. 따라서 기업 대표나 조직의 최고 리더에게 초점을 맞춘 PI 활동은 'CEO PI' 라고 표현하는 것이 적절하다.

PI는 개인의 고유 브랜드를 구축해 조직의 가치로 연계시키는 총체적인 커뮤니케이션을 말하는 것으로 기업 이미지 통합작업을 일컫는 CI와 대응되는 개념이다.

CI가 '기업' 을 중심으로 이미지 통합을 통해 기업 가치 제고를 위한 활동을 전개하듯이 PI는 '개인' 이 중심이 되는 개념이다.

CEO PI의 경우를 보면 CEO의 대외적 이미지가 사회적 평판과 신뢰에 영향을 미치고 이것이 시가총액으로 표현되는 기업 가치에 반영된다. 기업 내부적으로도 PI의 중요성은 간과할 수 없다. PI를 통해 구성원이 자기 조직에 대해 긍정적으로 인식하게 하고 그들의 애사심을 끌어낼 수 있다.

그러나 국내에서는 아직 PI를 제대로 이해하고 실행하는 기업이 거의 없다. CEO의 이미지 개선을 염두에 두고 비주얼이나 스타일을 전문적으로 컨설팅하는 회사나 개인은 많이 늘어났다. 그러나 스타일 컨설팅은 PI 컨설팅의 한 부분일 뿐이다. 비주얼적인 요소와 대내외 커뮤니케이션 전략을 망라한 종합적인 PI 커뮤니케이션을 수행하는 조직과 이를 전문적으로 지원하는 전문회사는 소수에 불과하다.

따라서 이미지 제고를 위해 PI 활동을 진행하더라도 제대로 된 결과를 얻지 못하는 경우가 많다. 이런 현상은 대부분의 조직에서 일반적인 PR 활동과 구분하지 못한 채 PI가 수행되고 있기 때문이다.

언론 매체에 자주 등장하고 이름이 알려진다고 해서 PI가 성공적인 것은 아니다. 단순히 알리는 것이 아니라 제대로 알리는 것이 중요하다. 겸손하거나 소탈하게 보이는 것이 아니라 어떻게 겸손하거나 소탈하게 보이느냐가 PI의 관건이다. 이런 면에서 PI는 'PR(Public Relations)'보다는 훨씬 섬세한 커뮤니케이션 활동이라고 할 수 있다.

PI 활동의 가장 이상적인 형태는 개인이 가지고 있는 아이덴티티의 원과 개인이 원하는 이미지의 원, 그리고 조직이 지향하는 방향의 원이 일치되어 하나의 원을 만들어내는 것이다.

PI는 사람을 대상으로 하는 커뮤니케이션이기 때문에 효과 측면에서 기업 PR이나 브랜드 PR보다 우위에 있다. 결국 중요한 것은 사람이고 공중의 관심을 끌 수 있는 것도 사람이며 스토리이기 때문이다. 그러나 효과가 큰 만큼 더 신중한 접근이 필요하다. 전략적으로 준비가 덜 된 PI 활동은 오히려 독이 될 수도 있기 때문이다.

목표 이미지와 커뮤니케이션은 구체적일수록, 또 소재가 섬세할수록 좋다. 또한 커뮤니케이션 과정에서 중요한 것은 진정성이다. 단기간의 성과에 집착해, 하는 척, 보이는 척하는 PI 활동은 위험하다.

트위터로 뉴스의 초점이 되는 CEO도 PI 관점에서는 검토가 필요하다. 그 이유는 소셜미디어의 특성상 준비되고 걸러지지 않은 채 사생활과 개인적인 판단, 선호가 대중에게 노출될 수 있기 때문이다. 전략적인 큰 그림을 바탕으로 한 신중한 소통이 아니라 순간적이고 감성적인 소통에만 치중하다 보면 예기치 않은 구설에 휘말릴 가능성이 높다.

소셜미디어에 대한 지나친 시간 투자 등은 자칫 화를 부를 수도 있다. “도대체 일은 언제 하는지”와 같은 부정적인 소리가 들릴 수 있다. 대중과의 소통량을 늘리는 것만이 능사가 아니다. PI 관점에서는 우선 목표 이미지에 대한 명확한 정립이 필요하다. 그 이후에 목표 지점에 도달하는 데 허용되는 범위 내에서 소셜미디어를 활용한 소통 작업이 진행되어야 한다.

12

PI는 현재 아이덴티티와 이상적인 모습을 일치시키는 과정이다

정치인도 PI에 적극적으로 나서야 한다. 정치인들이야말로 PI 전략이 가장 필요한 사람들이다. PI가 가장 강력하게 힘을 발휘할 수 있는 곳이 정치 현장, 특히 선거 현장, 유세현장, TV 토론현장이다. 후보자가 난립하는 상황에서 자신의 이미지를 어떻게 설정하고 이를 통해 소속 정당과 유권자를 어떻게 설득하고 표를 얻느냐가 선거의 핵심이기 때문이다.

정치인의 PI는 정치인 개인의 현재 아이덴티티와 바람직하게 생각하는 이미지를 지역사회 또는 국가의 이상적인 모습과 일치시키는 과정이다.

지역사회 및 국가의 바람직한 모습은 결국 유권자들의 마음을 읽는 것이고 그 마음을 정치인의 이미지에 일치시킴으로써 선거에서 승리할 수 있다.

정치인의 PI 전략에서 가장 중요한 요소는 '역지사지(易地思之)' 의 관점이다. 목표 이미지나 커뮤니케이션 개념을 수립할 때 나의 관점이 아니라 상대방의 관점, 즉 유권자의 관점에서 바라보는 것이다. 그래야 유권자를 감동시킬 수 있다. 물론 그것이 쉬운 일은 아니다.

이미지는 짧은 시간에 생기는 것이 아니다. 이미지는 유기물과 같아 정체되어 있는 개념이 아니며 계속 변화한다. 따라서 한시라도 주의를 늦추면 그동안 공들였던 이미지가 한순간에 추락할 수 있다. 그만큼 지속적인 노력과 관심이 필요하다. 목표 이미지를 세우고 오랜 시간 투자를 해야 한다.

씨앗을 뿌리고 물도 주고 비료도 주고 정성을 기울여야 한다.

선거철이 되어서야 뒤늦게 선거 구호를 어떻게 만들지 허둥지둥 뛰어다니는 자세로는 올바른 PI를 전개할 수 없다. 손자병법에 '병법(兵法)은 평법(平法)이다.' 라는 말이 있다. 평상시에 준비되어 있으면 급할 때 효과를 거둘 수 있다는 의미다. 이미지와 같이 짧은 시간에 얻을 수 없는 요소에 딱 부합하는 말이다.

전략적 PI 커뮤니케이션을 위해서는 다음과 같은 점을 유의해야 한다.

첫째, 조사과정이 중요하다.

개인이 가지고 있는 아이덴티티와 본인이 원하는 이미지, 그리고 조직이 나아가야 할 방향 등을 치밀하게 분석해야 한다. CEO의 경우라면 우선 기업 내외부에서 현재 평가하고 있는 이미지, 아이덴티티를 정확하게 조사하는 것이 우선이다. 그 다음 이 데이터를 바탕으로 현재의 문제점과 대응책을 마련하고 차별적인 목표 이미지를 세워야 한다. 그리고 목표에 도달하기 위한 커뮤니케이션 개념을 수립하는 과정을 거친다. 이런 과정을 거친 뒤에야 제대로 된 PI 및 커뮤니케이션 전략이 세워질 수 있고 대중과의 원활한 소통이 가능해진다.

둘째, PI 커뮤니케이션은 사전에 충분한 조사에 의한 전략 수립이 중요하다.

10가지 장점을 부각시키기보다는 부족한 하나를 보충하기 위한 전략이 필요하다. 장점보다는 약점에 초점을 맞춰야 한다. 강자는 장점이 많은 사람이 아니라 약점이 적은 사람이기 때문이다. 적절한 전략을 수립하기 위해서는 사전 조사가 중요하다.

셋째, 피드백의 중요성이다.

전략이 세워지고 이것이 커뮤니케이션의 실행으로 옮겨지면 피드백이 중요하다. 목표 이미지를 만들어 실행을 하고 과정의 중간에는 주기적으로 점검이 필요하다. 객관성을 유지해 PI의 효과를 높이기 위해 피드백과 평가 작업을 외부 전문가에 의뢰하는 것도 방법이다.

SUCCESS

제6장

꿈은 키우고 생각은 넓혀라

- 혁신과 직관 -

1

고객이 없으면 기업도 없다

고객만족서비스는 고객의 욕구와 기대에 그 이상으로 부응한 결과 제품과 서비스의 재구매가 이루어지고 더불어 고객의 신뢰감이 연속되는 상태다. 고객만족도는 진실의 순간에 드러난다. '진실의 순간' 은 투우경기에서 투우사와 소가 일 대 일로 대결하는 결정적인 순간처럼 어떤 일에 있어 가장 중요하고 결정적인 순간을 일컫는 말이다. 기업 활동에서 가장 중요한 순간은 바로 고객과의 접점이다. 그 접점의 짧은 순간이 기업의 성패와 기업에 대한 인식을 결정한다.

미국의 고급 백화점인 노드스트롬의 광고 문구는 '고객이 메이시(경쟁 백화점)에서 구입한 제품도 기쁜 마음으로 포장해주는, 겨울에 고객이 쇼핑을 끝내기 직전 고객의 차를 데워놓는, 타이어체인을 팔지도 않지만 고객이 원하면 타이어체인도 환불해 주는 노드스트롬' 이라고 한다. 고객들은 "백화점에서 어떻게 이런 것까지 해줄까." 하며 놀라게 되고 만족도가 크게 올라간다.

고객이 없으면 기업은 없다. 또한 한 사람의 불만으로 99명의 고객을 잃을 수 있다. 이것은 지극히 상식적인 말이다. 노드스트롬은 미국 업계 5위 안에 드는 패션 전문 백화점으로서 경쟁이 치열한 미국 유통업계에서 고객은 물론 경쟁업체로부터 미국 최고의 고객 서비스회사로 인정받는다.

서비스를 실천하는 주체인 직원들 역시 중요한 요소다. 고객과 접점을 이루는 것은 직원들이기 때문에 그들은 곧 기업의 얼굴이나 마찬가지다. 노드스트롬이 직원들에게 모든 결정 권한을 위임하는 것은 그만큼 직원을 믿고 신뢰한다는 의미다.

직원들은 고객과 거래할 때 자신의 판단으로 고객을 만족시키기 위한 노력을 각자 할 수 있기에 내부고객인 직원이 먼저 만족하고 나아가 고객의 만족으로까지 자연스럽게 이어진다.

노드스트롬이 가진 가장 큰 강점은 유명한 '무조건적인 반품 정책' 이다. 이 정책은 고객이 반품을 요구할 때 무조건적인 현금 반환을 보증한다. 고객이 어떤 이유에서든 구입한 상품에 완전히 만족하지 못할 경우에는 아무런 이의도 제기하지 않고 반품을 받아야 한다. 또한 이러한 반품을 수용하는 권한은 바로 판매사원 스스로에게 있다.

물론 무조건적인 반품 정책이 악용될 우려도 있다. 하지만 노드스트롬 철학의 핵심은 정직하지 않은 소수 때문에 선량한 다수에게 피해를 주지 않겠다는 것이다. 때로는 2년 동안 사용하던 드레스를 갑자기 와서 바꾸어달라고 하는 어처구니없는 반품 요구도 있었다.

어느 날은 고객 한 명이 타이어 두 개를 들고 와서는 환불을 요구했다. 자신의 자동차에 맞지 않는다는 이유였다. 그 타이어는 노드스트롬에서 판매하지 않았고, 인수한 백화점에서 그것도 오래전에 판매했던 제품이었다.

노드스트롬은 백화점을 인수한 후 타이어를 비롯한 일부 품목들을 매장에서 철수시켰다. 그런데도 제품을 환불해달라는 요구를 즉시 처리해주었다. 이 모습을 보고 노드스트롬이 정말 특별함을 알 수 있다. 하지만 모든 판매사원들은 이러한 고객에게도 끝까지 미소로 대한다면 정직한 98%와 같은 고객이 될 것이라는 믿음을 가지고 있다. 그래서 노드스트롬 종업원은 억지성 반품도 단골 고객을 유인할 수 있는 좋은 기회가 된다고 말한다.

많은 기업들이 반품을 단순히 귀찮은 것으로 여기고 있을 때 반품 정책을 시작한 노드스트롬은 돈으로 환산할 수 없을 만큼의 긍정적인 광고 효과를 보았다. 광고 전략 중 가장 효과가 높은 구전 전략의 높은 가치를 얻어낼 수 있었다.

이처럼 무조건적인 반품 정책은 노드스트롬의 상징이 되었으며, 노드스트롬을 최고의 서비스 기업으로 만드는 데 견인차 역할을 해왔다. 2%의 반품을 디딤돌로 98%의 큰 고객 감동의 길로 성큼 다가가는 것이다.

2

허를 찔러 긴장감을 높이고 이목을 집중시켜야 한다

오랜 기간 익숙한 관행과 상식을 순식간에 무너뜨리는 큰 폭의 점프와 착지, 이런 상황을 '의외다.' 라고 말한다. 바로 놀람과 탄성이 이어진다. 전혀 예상하지 않은 일이 일어나면 처음에는 대부분 당황하게 되지만 그것이 옳거나 설득력이 있는 내용이라면 공감대가 급속히 확산된다. 강조 화법으로는 평범한 표현보다는 파격적인 표현이 훨씬 효과적이다.

리더가 상황을 반전시키기 위하여 의도적으로 사용하기도 한다. 불리한 상황을 되돌리거나 유리한 상황이라도 이를 굳히기 위하여 강조하는 방법이기도 하다. 마케팅에서는 타인의 관심을 집중시키기 위하여 특히 이 방법을 많이 사용한다.

영화관에서 파는 팝콘에 대하여 '건강에 해롭다.' 라고 하면 아무도 관심을 가지지 않는다. 이 정도 표현으로는 약하다. 좀 센 느낌의 표현방법이 필요한 것이다. 소비자에게 강하게 어필하는 방법은 무엇인가. '베이컨, 크림 비프와 달걀(scrambled, sunny-side up)로 구성된 조식, 빅 햄버거와 감자튀김으로 이루어진 런치 그리고 다양한 메뉴를 곁들인 스테이크 디너보다, 동맥경화증을 유발하는 콜레스테롤이 팝콘 한 봉지에 더 많이 들어 있다.' 라고 하면 된다. 관심을 끄는 방법은 허를 찔러 긴장감을 높이고 이목을 집중시켜야 한다. 하지만 '놀람' 이라는 감정은 오랫동안 지속되지 않는다. 반드시 사람들의 지속적인 흥미와 호기심을 자극해야 한다.

한 집단은 만장일치를 이끌어내는 방식, 다른 집단은 올바른 대답에 대해 반론을 이끌어내는 방식으로 토론에 임했다. 쉬는 시간에 토론에 관련된 영화를 보여 주었다. 전자에 속했던 학생은 절대다수가 운동장으로 놀러 나간 반면, 후자에 속했던 학생은 절반의 학생이 자리에 앉아 영화를 시청했다.

만장일치를 유도하는 방식은 긴장감이 현저히 떨어진다. 모두 찬성하게 되면 혼자는 빠져도 큰 지장이 없을 것이라는 안도감을 준다. 자연스럽게 관심도 멀어지고 일부의 주도에 의해 모양은 갖추어지지만 전체의 실질적 지지를 끌어내는 것에는 결국 실패한 것이나 마찬가지다.

그러나 반론을 이끌어내는 방식은 결론의 향방에 대하여 궁금증이 커진다. 당연히 긴장감이 조성된다. 또한 먼저 내세우는 주장에 대하여 본능적인 대응을 초래하게 되어 공방을 주고받게 된다. 때로는 치열한 방법으로 이어진다. 누가 옳은지 알고 싶다는 궁금증, 지식의 공백을 채우고자 하는 간절한 열망이 무사안일함의 유혹보다 더 강하다. 결론의 도출에 기여하고 영향력을 끼치고자 하는 경쟁심리가 발동하기도 한다.

리더가 조직을 건강하게 이끌어 가려면 일정 수준의 긴장감을 유발해야 한다. 퍼지는 것은 편안한 것이기에 누구든지 그 유혹에서 벗어나기 어렵다. 그래서 리더는 화두를 던지되 만장일치를 유도하는 것이 아니라 주장과 반론, 재반론이 이어지도록 유도해야 한다.

리더는 미리 결과를 예단하거나 앞서서 특정한 주장을 비판하지 않아야 한다. 리더는 마지막까지 의견의 표명을 자제하는 것이 바람직하다. 자연스럽게 공감대가 형성되는 때까지 리더는 기다려 주어야 한다. 구성원이 토론과 공감의 과정을 거친 정책과 결정에 대하여 그들은 강한 로열티를 보인다. 당연히 결정의 성공가능성은 훨씬 커진다.

열린 조직은 화두를 던지고 경청하고 토론하고 공감하고 결론을 내는 방식으로 운영되어야 한다. 침묵을 강요하는 리더는 조직을 퇴행시키는 장애물에 불과하다.

3

리더 때문에 회사를 떠나는 이유가 되어서는 안 된다

급여와 보상 수준, 복리후생이 아무리 좋고 동료들과 원만한 관계이며 다른 근무환경이 뛰어나도 함께 일하는 상사가 싫다면 부하들은 회사를 떠난다.

상사의 능력은 업무능력만을 이야기하는 것이 아니다. 의욕을 꺾고 상처를 주는 말로 부하를 떠나게 하는 상사는 조직에서 인정받지 못하고 부하들의 존경을 받는 리더가 되지 못한다.

실제로 이직의 배후에는 많은 경우에 상사와의 문제가 있다. 직장인의 이직은 회사를 떠나는 것이 아니라 직장상사를 떠나는 것이다.

이제는 조직에 입사한 순서대로 연공만 쌓으면 자연스럽게 상사가 되던 시절은 지났다. 성과는 물론 실력과 올바른 리더십을 발휘하는 상사만이 살아남을 수 있다.

따라서 상사는 다양한 부문에 걸쳐 실력이 있어야 한다. 특히 상사는 기본에 충실해야 한다. 핵심 노하우와 알맹이가 없는 상사는 일을 못 하는 부하를 만든다. 배울 것이 없으니 직원의 능력이 향상되기 어려운 것은 당연하다.

질문만 던지는 상사도 역시 위험하다. 선심 쓰듯 치고 빠지는 상사는 직원을 혼란스럽게 하고 나아가 의욕을 떨어뜨린다. 열정을 가장해 바쁜 척하지만 실제는 일하지 않거나 안일한 상사는 직원의 나태함을 조장한다.

상사가 실력이 없다면 든든한 지원군을 키워야 한다. 상사는 큰 그림을 그리고 맥을 짚어야 한다. 또한 조직을 위하여 비난보다는 문제 해결을 우선시해야 한다. 물론 학습능력도 있어야 한다. 끊임없이 배우려는 자세를 견지해야 한다.

상사가 직원에게 제대로 일을 맡기는 것도 실력이다.

의식이 깨어 있지 않은 상사는 직원을 감시한다. 감시하는 상사는 결국 뒤통수치는 부하를 만들게 마련이다. 서로를 믿지 못하는 관계는 늘 불안하기 때문이다.

직원의 곁을 수시로 순찰하는 상사를 만나면 기가 막힌다. 시키는 일이나 잘하라는 상사의 차가운 말도 힘들게 한다. 가끔 확실한 이유 없이 직원을 미워하는 상사도 있다. 말과 행동이 다른 상사는 더 문제다. 부하는 상사의 신뢰를 먹고 자라는데 상사가 표리부동하고 '조삼모사(朝三暮四) 형' 이라면 직원의 의욕은 혼란을 겪게 마련이다.

상사는 직원에게 주도적으로 일할 기회를 주어야 하며 부하를 패배자로 만들지 않아야 한다. 그리고 상사는 빠져야 할 때와 개입할 때를 알아야 한다. 경우를 모르는 상사는 직원에게 한숨을 나오게 만든다.

일의 완급과 시의적절함을 아는 것은 상사에게 필수적인 자질이다.

중요한 사항을 혼자 결정하는 상사는 생각 없는 부하를 만들고, 잘못된 카리스마는 독단을 부른다. 무조건 내 방식대로를 고집하는 상사는 이제 변해야 한다. 소통의 탈을 쓰고 설교만 하는 상사나 결론을 이미 내놓고 말하는 상사도 달라져야 한다.

반론은 곧 도전으로 받아들이는 완고한 상사도 있다. 그들은 상사인 본인의 생각만으로 충분하다고 주장하며 직원의 의견 자체를 무시한다. 이와 반대로 도무지 의도를 알 수 없는 상사는 직원을 곤혹스럽게 만든다.

상사와 직원 간의 끈끈한 관계는 말하기와 듣기에서 시작된다. 상사가 먼저 직원에게 말 거는 연습을 해야 한다. 불필요한 참견의 욕심을 과감히 줄이고 활짝 귀를 열어놓아야 한다.

아울러 상사의 자만은 조직의 위기를 초래한다. 잘난 체하는 상사를 돕고 싶은 부하는 없기 때문이다.

상사의 지나친 확신 또한 실패와 갈등의 씨앗이 되기 쉽다.

모르는 것이 없이 모든 부문에 나서는 상사도 있다. 상사가 자신이 최고라는 착각에 빠져 있거나 직원에게 실현이 어려운 공약을 남발하는 경우도 있다.

상사에게 가장 필요한 덕목은 겸손함이다. 직원이 가장 보고 싶어 하는 것도 상사의 겸손이다. 그리고 상사는 자신에게 엄격하고 직원을 높여주면 된다. 부하를 높여주면 상사는 저절로 올라간다.

책임을 직원에게 떠넘기는 상사는 더욱 문제다. 이런 경우는 소신 없는 부하를 만든다. 비겁한 상사 아래 혼자 용감한 부하는 없다. 공은 내 것이고 잘못은 부하 것이라면 적극적으로 나설 직원이 없다. 의사결정도, 책임도 미루는 상사와 그때그때 수시로 말을 바꾸는 상사는 직원의 복지부동을 조장한다.

심지어 함정을 파놓고 실수하기만 기다리는 상사는 더욱 가관이다.

용기는 상사의 책임과 의무 그 자체다. 최선이라면 과감하게 의사결정을 해야 한다. 부하 탓만 해서는 부하의 마음을 얻을 수 없다. 상사도 잘못을 범했을 경우에는 실패를 인정하고 물러설 줄 알아야 한다.

겉과 속이 다른 상사는 겉도는 부하를 만들고, 상사의 진심이 없는 행동은 냉소주의를 키운다. 두 얼굴을 가진 상사나 알면서 떠보는 상사도 직원의 신뢰를 얻지 못한다.

칭찬에 인색한 상사도 직원의 존경을 받지 못한다. 칭찬에 무너지지 않는 직원은 많지 않다. 작은 부문이라도 과감하게 칭찬해버려야 한다.

칭찬은 망설일 이유가 없다.

채찍질만 하는 상사 밑에 맺집 좋은 부하는 없다. 직원을 지치게 하지 말아야 한다. 당근 없는 채찍은 회의감만 부른다. 이유가 있다면 고된 훈련도 견딜 수 있지만 고통만 있는 훈련은 직원에게 반감만 살 뿐이다.

인신공격형 상사는 인격을 의심하게 만든다. 특히 직원이 범한 한 번의 실수를 물고 늘어지는 상사는 저급해 보인다.

주특기가 훈계인 상사는 본인부터 되돌아보아야 한다. 시각을 바꿔야 한다. 가혹한 채찍 대신 애정과 관심을 보이면 직원은 마음으로 고마워한다. 직원의 신뢰는 더 큰 믿음으로 상사에게 돌아온다.

4

리더십은 대화하고, 설득하며, 비전을 제시하는 것이다

똑같은 목소리를 획일적으로 요구하는 상사는 창의적인 생각을 죽인다. 튀는 행동을 막는 상사, 열외를 인정하지 않는 상사, 다수결의 함정에 빠진 상사, 기계적인 통일을 추구하는 상사는 이제 삐딱한 시선을 거두고 다양성에 마음을 열어야 한다. 직원을 '요즘 애들'이 아니라 한 사람의 '성숙한 인격'으로 대우해야 한다.

편애는 한 명의 추종자와 다수의 반대파를 만든다. 아부가 아닌 실력과 성과로 사람을 가려야 한다. 학연과 지연으로 내 편을 챙기는 상사, 옥석을 가리지 못하는 상사, 코드 인사로 업무를 나누는 상사, 간판 중심으로 업무지시를 하는 상사, 특정인에게 업무를 몰아주는 상사, 편애하는 상사는 결국 직원들의 조소를 받게 된다. 이유 없이 편애하지 말고 합리적이고 분명한 이유로 차별해야 한다.

끝없는 일은 직원을 지치게 한다. 너무 높은 목표도 몰입도를 떨어뜨린다. 따라서 실현 가능한 목표와 이를 달성하기 위한 인간적인 배려가 헌신을 부르며, 일과 사생활의 균형이 성과를 높인다.

워크홀릭(workholic)만으로는 창의력이 생기지 않는다. 당신이 출장이나 외근을 간다고 할 때 부하 직원들의 얼굴에 갑자기 희색이 돌고 부서 분위기가 화기애애해지지는 않는가. 만약 그렇다면 당신은 상사로서의 역할과 인재 육성 전략을 고심해야 한다.

일은 상사 혼자만 하는 것이 아니다. 일선 현장에서 일을 수행하는 실질적 주체는 부하들이며, 성과 역시 상사와 부하의 합작품이다. 부하들에 대한 배려 없이 일과 성과만을 추구할 경우 단기적으로는 성과를 내는 데 성공할 수 있을지는 몰라도, 장기적으로 부하를 지치게 하여 결국은 성과가 낮아진다.

현대 사회의 상사는 조직에 뿌리 깊게 남아 있는 완고한 리더십을 버리고, 직원의 의욕을 꺾지 않는 상사가 되어야 한다. 상사가 부하들보다 우월한 위치에서 부하들을 이끌어야 한다는 기존의 리더십 패러다임에서 탈피해야 한다. 상사는 끊임없이 대화하고 설득하며 비전을 제시하는 것으로 그 역할이 바뀌어야 한다.

사람은 자신의 능력을 넘어서는 지위까지 승진하게 되면, 이를 직감적으로 알게 된다. 그러나 이를 스스로 인정하는 것은 너무나 고통스러운 일이다. 그렇기 때문에 무능한 리더들은 애써 자신의 무능력을 부정하며 단지 자기가 게을러진 탓이라고 생각하게 된다.

빠져야 할 때 빠지기 위해서는 우선 상사가 부하의 일에 개입하기 이전에 반드시 자신에게 질문을 던져봐야 한다. 일반적으로 상사들은 '내가 부하가 하는 일이 잘되게 하기 위해 무슨 일을 해줘야 할까.'를 생각한다. 그러나 이에 앞서 먼저 '과연 내가 필요한가?'라는 질문부터 해야 한다. 부하의 일에 참견하는 것이 일의 진행에 방해가 된다면 굳이 개입할 필요조차 없기 때문이다.

흔히 권위를 세우기 위해서는 부하에게 '쓴맛'을 보여줘야 한다고 생각하는 상사는 인신공격을 할 가능성이 높다. 이들은 부하를 인격적으로 무시하거나 자존심을 흔들어서 자신의 권위에 도전하지 못하게 한다. 부하를 질책하고 책임을 추궁하는 것을 훈련과정으로 생각하는 것이다.

더 큰 문제는 부하의 자존심을 공격하는 것이 가장 훌륭한 동기부여 수단이라고 착각하는 데 있다. 상사는, 리더는 민주적 리더십으로 새롭게 단장하여야 한다. 세상은 이미 저 멀리 변화하며 달아나고 있는데 스스로 폐쇄형 창틀 속에서 머물러 있다면 조직 내에서의 존재가치가 떨어지고 위상이 추락하게 된다.

리더는 끊임없이 학습하고 사색하며 겸허함을 잊지 않아야 한다.

5

전략적 직관과 창조적 감각

1968년, 3M 연구소 직원이었던 스펜서 실버는 강력한 접착제를 개발하려다 실수로 접착력이 약하고 끈적거리지 않는 이상한 접착제를 만들게 되었다. 그는 표면에 살짝 달라붙어 재사용이 가능한 저점도 접착제를 만들어 게시판 표면에 응용하려고 하였다. 개발 과정에 5년이 걸렸지만 회사 내에서 이 아이디어에 대한 지지를 얻어내지 못했다.

1974년, 세미나에 참석한 아서 프라이는 저점도 접착제로 책갈피를 만들어 찬송가책에 가볍게 붙이면 찬송가를 이어 부를 때 페이지를 쉽게 찾을 수 있어 성가대원들이 화음이 어긋나는 경우가 없을 것이라고 생각했다. 문서를 다루는 사람이라면 누구나 사용하는 포스트잇은 그렇게 발명되었다.

1980년대 초, 고 정주영 회장은 바다를 메워 농지를 만드는 대규모 간척사업에 돌입했다. 서산 앞바다는 조수간만의 차가 너무 커 20만 톤 이상의 돌을 매립해야만 물막이가 가능했다. 공사비 절감과 공기단축 방안을 동시에 강구하던 정 회장은 대형 폐유조선을 침하시켜 물줄기를 차단시킨 다음 일시에 토사를 대량 투하하면 물막이 공사를 완성할 수 있다는 아이디어를 냈다. '유조선 공법' 혹은 '정주영 공법' 으로 알려진 이 방법으로 현대건설은 예정된 공사기간 45개월을 36개월이나 단축하여 9개월 만에 완공시켰다.

모든 중요한 발전의 이면에는 해당 분야를 변화시키거나 새로운 것을 시작하게 한 유익한 아이디어가 탄생했던 전환점이 있다. 그렇다면 이렇듯 유익한 아이디어는 어떻게 나오는가. 월례 회의나 주간 회의 시간에 떠오르는 경우는 거의 없다. 불현듯 아이디어가 솟아나야 한다. 이는 머리를 싸매고 그 생각만 한다고 나오는 것도 아니고 예정된 브레인스토밍 회의에서 나오는 것도 아니다. 대개 이런 아이디어는 '한밤중에, 여유 있게 티타임을 할 때, 공원길을 걷다가 문득' 떠오른다. 이는 섬광처럼 퍼뜩 깨달음이 찾아오는 특수한 형태의 직관으로 이를 '전략적 직관' 이라고 부른다.

직관(直觀)이라고 하면 흔히 직감, 또는 육감을 떠올린다. 그러나 뇌 과학 연구에 따르면, 직관에는 세 가지 유형이 있다고 한다. 평범한 직관, 전문가 직관, 전략적 직관이다.

'평범한 직관'은 우리가 흔히 말하는 '육감(六感)'과 같다. 육감은 좋은 느낌이든 나쁜 느낌이든 상관없이 본능적이고 즉흥적으로 느끼는 감정이다.

'전문가 직관'은 자신이 하는 일에 능숙해질수록 비슷한 문제들을 해결할 수 있는 패턴을 빨리 인식하게 되는 방법으로 작동한다.

마지막으로 '전략적 직관'이란 오랫동안 고민하고 있던 문제를 한순간에 해결해주는 섬광 같은 통찰력을 말한다. 이는 평범한 직관 같은 모호한 감정이 아니다. 그리고 전략적 직관은 선명한 생각이다. 어젯밤 갑자기 찾아온 깨달음이 한 달 동안 머릿속에 맴돌던 문제를 해결할 수도 있다. 게다가 그것은 익숙한 상황에서 일어나는 것도 아니다. 전략적 직관은 새롭고 낯선 상황, 즉 이러한 종류의 직관이 가장 많이 필요할 때 작동한다. 혁신적 아이디어를 발견하는 것, 예술가들이 창조적인 영감을 얻는 것, 음악가에게 새로운 곡이 떠오르는 것, 선구자들이 비전을 얻는 것, 과학자들이 발견을 하는 것 등 좋은 아이디어가 인간의 머릿속에 떠오를 때는 언제나 전략적 직관이 작용한다.

현대 사회에서 성공하기 위해서는 창의적인 사고, 혁신적인 사고, 전략적인 사고 등이 필요하다. 이러한 사고들을 통해 우리는 궁극적으로 남들과는 차별화되는 창조적 전략을 추구한다. 창조적인 전략을 세우려면 직면한 상황을 연구하는 전략적 분석, 창의적인 아이디어가 떠오르는 과정인 전략적 직관, 떠오른 아이디어를 가지고 세부적인 방법을 구상하는 과정인 전략적 기획 등의 프로세스를 거쳐야 한다. 특히 전략적 직관이란 인간의 두뇌가 순간적인 깨달음을 통해 경험과 지식을 연결하여 완전히 새로운 아이디어를 창조해내는 것이다. 불확실성의 시대에는 전략적 직관이 빛을 발한다.

지금까지 전략적 직관은 경영자, 정치인, 과학자, 종교인, 예술가 등 각계의 리더들에게만 필요하다고 인식되었다. 하지만 불확실성이 증대되고 창조성이 강조되는 요즘에는 모든 사람들에게 필수적 요건이 되었다. 분석과 논리만으로는 한계가 있으며, 많이 알고 똑똑한 것만으로 성공하던 시대는 지났다.

모든 경험과 지식, 감각이 통합되어 완성되는 찰나의 혜안. 즉 정보를 모으고, 한 걸음 물러서서 냉철하게 바라보고, 어느 순간 번득이며 찾아오는 그 순간이 없이는 승자가 되기 어렵다. 우리가 원하는 아이디어는 필요할 때마다 금방 생기는 것이 아니다. 대개는 끊임없이 생각하고 고민하고 힘들게 노력한 후에 불현듯 떠오른다.

신경과학적인 관점에서 보면 '전략적 직관'은 매우 모순적인 개념이다. 우리 뇌에선 전략을 짜는 좌뇌 영역과 직관을 떠올리는 우뇌 영역이 떨어져 있기 때문이다. 그러나 전혀 다른 '좌뇌와 우뇌'가 서로 소통하는 법만 터득한다면, 위기의 순간 새로운 아이디어가 머릿속에서 떠오를 것이다. 불확실성의 시대에 성공하기 위해서는 섬광 같은 아이디어가 필요하다. 역사상 위대한 명장들은 불확실성 속에서 순간순간 번뜩이는 아이디어로 창조적인 전략을 발견했다.

6

성공은 겸손과 함께 해야만 영속적이다

한국에서 가장 많은 고정 독자를 갖고 있는 대표적 작가 중의 한 사람으로 이문열 선생이 있다. 문학적으로나 상업적으로나 그 이상 성공한 작가는 많지 않다. 그러나 성공하기 전 그의 생활은 팍팍했고 신춘문예에 실패하기도 했다. 출세작 '사람의 아들' 원고도 처음에는 출판사에서 거부했다고 한다.

절박함을 생각하면서 문득 '추락하는 것은 날개가 있다(1988년)' 라는 이문열의 소설이 기억난다. 본래는 오스트리아 출신의 잉게보르크 바하만의 '추락하는 것은 날개가 있다' 라는 시집 제목이다.

이 문구의 핵심은 '추락' 과 '날개' 이 두 단어에 있다. '추락' 이 무엇을 의미하는가. 추락은 좁게 보면 어떤 물체가 공중에 떠 있다가 아래로 떨어지는 것을 말하지만, 넓게 보면 상승세에 있던 지위나 명예 등도 포함한 모든 것의 급격한 하락세를 뜻한다.

'날개'의 숨은 의미는 무엇인가. 한없이 추락하는 그에게 남은 것은 오직 그의 육신뿐인데, 그 육신은 창공을 누비던 기억을 간직하고 있다. 행복했던 기억은 처참한 현실과 대비되어 그를 고통스럽게 하는 것이다.

결국 '추락하는 것은 날개가 있다'라는 문구 속에는 한때 끝없이 비상을 추구했지만 지금은 모든 것을 잃어버린, 과거의 좋았던 시절을 잊지 못하는 인간의 한이 담겨 있다고 할 수 있다. 다르게 이해하면, 지금은 끝이 어딘지 모를 정도로 나락에 떨어져 있지만 언젠가는 새로운 희망으로 다시 일어설 수 있다는 의미로 볼 수도 있다.

대개 추락은 상승이나 성공 뒤에 다가온다. 바닥에서 더 추락하는 경우도 있겠지만 일반적인 경우로 보면 그렇다. 누구나 성공하고 싶은 절박함과 열의가 있어야 현실에서 성공 가능성이 열린다. 그래서 세상의 모든 성공 뒤에는 절박함이 있다고 생각된다. 하지만 성공이 유지되기 위해서도 절박함을 잊지 않아야 한다. 절박함에서 벗어난 뒤에는 교만의 유혹에 빠지지 않아야 한다. 성공은 겸손과 함께 해야만 영속적이다. 성공하는 것에 못지않게 성공을 유지하는 것이 쉽지 않기 때문이다.

7

다시 승리를 기약하기 위하여 과감히 내려가야 한다

누구든지 내려가는 것보다는 올라가는 것을 선호한다. 나아가 한없이 오르기를 기대하는 경우도 많다. 내려감은 아예 생각하지도 않는 사람도 있다. 나의 사전에는 내려감이 없다고 확신하는 사람마저 있다. 긍정적인 생각을 하는 것이 문제가 있는 것은 아니다. 하지만 언제나 오르기만 하는 것은 세상의 이치가 아니다.

'정상' 이 있으면 '골짜기' 도 있다.

누구나 오랜 기간 정상에 머물고 싶지만 그럴 수는 없다. 그래서 정상에서는 내려갈 마음의 준비를 해야 한다. 안전하게 흔쾌히 내려가는 것은 꺼려할 일이 아니다. 급히 내려가는 것은 위험할 수 있지만 천천히 나의 의지대로 내려가는 것은 다시 오르기 위해 마음을 추스르는 것이기 때문에 정상에서 너무 미련을 갖지 말아야 한다.

흔히 밑바닥까지 기꺼이 내려가야 더 큰 것을 얻을 수 있고 다시 오를 수 있다고 말한다. 여기서 말하는 내려가는 것은 추락과는 다르다. 추락은 나의 의지와 상관없이 떨어지는 것이지만, 내려가는 것은 스스로의 의지와 노력으로 잠시 멈추어 처음의 출발지점으로 향하는 마음이다. 추락은 절망이지만 내려감은 또 다른 희망인 것이다.

오랫동안 성공을 지속하는 사람들은 오르는 것도 탁월했지만 내려가는 것도 잘한다. 그들은 올라갈 때와 머무를 때, 그리고 내려갈 때를 잘 구분한다.

내려가는 것은 때로는 용기가 필요하다. 훌훌 털고 내려가면 간단하겠지만 쉽사리 되지 않는 경우가 많다. 내려감에 대한 두려움이 있고 다시 올라올 수 있을 것인가에 대한 불안함이 있기 때문이다. 그래서 끝까지 버티다가 타의에 의해서 내려오는 경우도 흔하다.

내려오는 것은 자의에 의하면 그렇게 힘들지 않지만 마지못하여 내려오는 경우에는 훨씬 힘들다. 속이 많이 상하기도 하고 후회스럽기도 하다. 진작 내려갈 것을 왜 그렇게 억지로 버텼는지 회한이 남기도 한다. 그래서 내려가야 할 상황이라고 판단되면 냉정하게 내려감을 택해야 한다. 그래야 다시 올라갈 수 있기 때문이다. 힘들게 내려오면 다시 오르기도 그만큼 힘들다. 그렇기에 내려올 때는 과감하게 미련 없이 실행해야 한다. 내려오는 과정이 다소 힘들더라도 일단 내려오면 세상을 더 넓게 볼 수 있고 새로운 기회를 찾을 수 있다. 남들보다 더 일찍, 더 잘 내려갔기 때문에 충분히 쉰 다음, 남들보다 먼저 정상에 도달할 수 있다.

맞설 수 없을 때는 빨리 포기하고 마음을 비우는 것이 상책이다. 내려가는 것은 꼭 패배했기 때문만은 아니다. 마음과 몸을 추스르고 다시 출발하고 기필코 다시 정상에 오르기 위한 새로운 출발이다.

항상 오르기만 하는 일상은 희망에 부풀지만 뜻대로 되지 않을 때는 힘이 들기도 한다. 세상은 장밋빛만 있는 것이 아니기 때문에 이는 당연하기도 하다. 그래서 지금부터는 내려가는 연습을 해야 한다.

올라가는 것이 승리를 위해서였다면 내려가는 것은 살아남기 위함이고 다시 승리를 기약하기 위함이다. 정상을 향해 올라가는 데만 급급해 지치고 힘든 경우에는 삶의 쉼표를 찍고 새로운 도약을 차분하게 준비해야 한다.

8

기회란 지루함의 마지막 순간에 다가온다

많이 배운 사람이 인격을 갖추면 자세를 낮게 하고 고개를 숙인다.

무능과 겸손은 다르다. 실력이 있는 사람만이 겸손할 자격을 얻는다. 겸손은 땅에서 멀어질수록 줄어드는 경향이 있다. 하지만 바닥에 근접하면 겸손이 눈에 들어오게 된다. 바닥에 도달하면 신념이 생긴다. 또한 겸손한 낮음의 미학이 거들먹거리는 높음의 어리석음을 무너뜨린다. 뿐만 아니라 바닥을 찍은 사람은 상승의 흐름을 타면서도 자기중심을 잡을 수 있다.

처음 유도를 배울 때는 상당기간 쓰러지는 연습인 낙법만 한다. 쓰러지는 훈련을 통해 다치지 않는 기술을 충분히 익힌 후에야 비로소 공격 훈련으로 넘어가는 것이다.

명장은 공격에 앞서 유사시의 퇴로부터 먼저 확보한다. 바둑에서 가장 기본적인 원칙 중의 하나가 바로 '아생연후살타(我生然後殺他)' 이다. 이는 자신의 돌이 살고 난 다음에 상대의 돌을 잡으러 가야 한다는 뜻이다. 자신의 약점을 살피지 않고 무모하게 상대의 돌을 공격하다가는 오히려 해를 입기 쉽다는 것을 일깨우는 말이다.

이처럼 만일 있을지도 모를 최악의 상황을 가정함으로써 실패에 미리 대비하는 것이다. 일류 기업들은 실패학습을 체계화해 놓고 있다. 실패한 사업을 데이터베이스로 만들어 놓고 유사시에 그것을 교훈삼아 실패를 반복하지 말라는 뜻이다.

사람들은 위만 바라보고 위로 오르는 데 익숙해져 있다. 그렇기 때문에 빨리 오르는 것이 성공이라고 믿는다. 그러나 익숙한 것으로부터 이별하는 것은 내키지 않는다. 어쩔 수 없이 내려가야 할 때가 있다고는 상상도 하기 싫어한다. 하지만 오랫동안 성공을 지속하는 사람들은 언제나 정상에 있었던 것이 아니다. 그들은 오르는 데도 익숙했지만, 내려가는 데도 뛰어나다. 내려가야 할 시기가 오면 두말없이 받아들이고 성큼성큼 걸어 내려간다. 올라갈 때는 열정으로 오르고 내려갈 때는 겸손함으로 내려오면 된다. 남들보다 일찍 내려갔기 때문에 충분히 쉬고 다시 오를 수 있다. 그래서 남들보다 빠르게 정상에 재차 도달한다.

새는 속까지 비워냈기 때문에 높이 날 수 있다. 나무는 가지치기를 해주어야 한정된 에너지를 집중시켜 더 풍성한 꽃을 피우고 알찬 열매를 맺는다. 마음속의 짐까지 비워야 다른 것을 받아들일 준비가 완성된다.

다른 패러다임의 세계에서 살아남기 위해서는 지금 가지고 있는 것, 익숙하고 습관적인 것, 당연하고 상식적인 것들을 새로운 시각으로 바라봐야 한다.

추억은 마취제일 뿐이다. '왕년의 영광' 에 대한 지나친 향수는 현실에 대한 관점을 왜곡시켜 마음속에 이상화시킨 과거를 현실과 비교한다. 과거는 선이고, 현실은 악으로 보이기도 한다.

하지만 과거를 찬양하며 현실에 불만을 토로해봐야 현실은 바뀌지 않는다. 더욱 멀어질 뿐이다. 과거의 영광을 새로운 희망의 디딤돌로 삼아 그 영광을 재현하기 위해 지루하게 느껴질 정도로 자신을 끊임없이 담금질해야 한다. 그래야만 다시 기회가 찾아온다. 기회는 단순하게 반복해온 지루함의 마지막 순간에 그대 앞에 다가온다.

9

인생을 일직선으로 전진해야 한다

세계적인 기업의 리더들은 몇 가지 공통점을 가지고 있다. CEO란 기업 내에서 가장 중요한 의사 결정을 하는 사람이다. 그렇기 때문에 그가 하는 결정은 세세한 부분이 아닌 커다란 지도를 그린다는 생각으로 해야 한다.

일류 기업을 만드는 CEO의 특성을 보면 공통적으로 포기하지 않는 불굴의 의지를 가지고 있다. 일류 기업이 되는 길은 몸과 마음을 던져 자신의 한계 상황을 확인하는 데서 출발한다. 2등의 현실에 안주하여서는 결코 시장을 지배하는 일류 기업이 될 수 없다.

'Good to Great'의 저자이고 암벽 등반의 전문가인 짐 콜린스는 CEO의 포기하지 않는 불굴의 의지를 암벽 등반에 비유한 바 있다.

그는 암벽 등반 과정에서 실패와 추락은 구분되어야 한다고 강조한다. 한계 상황에 도달하였다고 판단하여 스스로 로프를 놓으면 정상에 오르는 데 '실패' 한 것이다. 반면 정상에 오르기 위해서 포기하지 않고 마지막 순간까지 모든 정신적 육체적 노력을 다 쏟아 부은 후, 떨어져서 로프에 매달려 내려오는 것은 '추락' 이라는 것이다.

겉으로 보기에는 둘 다 정상에 도달하지 못하고 내려오는 것처럼 보인다. 그러나 이 두 가지 경우 차이가 존재한다.

실패를 통해서는 자신의 진정한 한계를 알 수 없다. 항상 자신의 한계에 대한 확신이 부족하고 좀 더 노력하면 도달할 수 있을 것이라는 자기 합리화가 뒤따른다. 반면 추락은 결코 실패가 아니며 자신의 한계를 확인하였기 때문에 아쉬움이 남지 않는다.

꿈을 이루지 못하게 만드는 것은 실패할지도 모른다는 두려움이다.

일류 기업이 되려는 CEO라면 포기하지 않고 자신의 한계 상황을 확인하는 단계까지 자신의 모든 것을 쏟아 붓는 불굴의 의지가 필요하다.

곧장 가지 않고 다른 곳에 들러 가며 이룰 수 있는 비전은 하나도 없다.

최고 경영자는 확실한 비전을 갖고 한정된 인생을 일직선으로 전진해 가야 한다. 지나치게 이리 재고 저리 재면 아무것도 이룰 수 없다.

또한 CEO는 변치 않는 확고한 가치관을 가지고 있다는 공통점이 있다. 이것은 직원들에게 자부심을 부여하는 철학, 조직에게 방향성을 제시하고 유도하는 확고한 지침을 의미한다.

다양한 이해 관계자들과 원만한 협력관계를 유지하며 신뢰를 깊이 쌓아가는 것도 중요한 공통점 중의 하나이다.

성실성과 책임감을 바탕으로 구성원들에게는 지속적인 관심과 적절한 보상을, 주주에게는 기대에 부합하는 수익성을, 고객에게는 우수한 제품 및 서비스를 제공해야 한다. 이것은 상호 신뢰를 형성하기 위한 기본 요소다.

성공하는 리더는 주주, 고객, 직원들을 포함하는 다양한 이해관계 집단과 긴밀한 관계를 유지하고 기업가치의 극대화를 추구해야 한다.

과거에는 '주주가치의 극대화' 라는 소극적인 기업 목표에 전념하였으나 소비자 지위가 강화되고, 인재관리의 중요성이 증대되어 여러 이해관계 집단과의 '동반자적 관계' 를 추구하지 않을 수 없게 되었다.

기업은 중장기적 목표와 단기적 목표의 균형을 모색해야 한다.

기업의 목표를 정확히 인식하고 고객과 공동체 사회에 봉사하며 헌신적으로 일하는 직원들이 있을 때 기업이 지속적으로 번창할 수 있다.

리더에게는 다양한 구성원들과의 원활한 의사소통으로 기

업의 목표를 명확하게 전달, 공유하는 것이 공동의 목표달성을 위해 반드시 필요한 과정이다.

10

혼자 있는 시간이 지적으로 충만한 리더를 만든다

인간은 혼자다. 가족이 있고 친구가 있어도 결국은 혼자다. 가족과 친구의 조언과 위로를 받기도 하지만 중요한 의사결정은 주로 본인이 혼자 하는 경우가 많다. 아무리 가까운 사이라도 타인이 나를 온전히 대체해 줄 수는 없다. 나의 마음도 수시로 변하는데 타인이 나의 마음을 전부 알기는 어렵다.

세상이 복잡해질수록 혼자 있는 시간의 비중이 늘어남에 따라 혼자 있는 시간을 어떻게 잘 활용하느냐에 따라 인생의 많은 부분이 변할 수 있다. 따라서 혼자 있는 시간의 질을 높여야 한다. '얼마나' 가 아니라 '어떻게' 의 문제라는 얘기다. 혼자 있는 시간 동안 무엇을 하는지에 따라 그 사람의 미래가 결정된다.

혼자 있는 시간에는 필연적으로 생각하는 비중이 늘어난다. 생각의 힘은 고독에서 나오기 때문이다.

혼자 있어야 혼자 생각하는 것이 가능하다. 타인과 마주 앉아서 다른 생각을 하는 것은 예의가 아니다. 우리의 많은 일상이 타인을 의식하는 시간들이다. 온전한 나의 시간이 될 수가 없다. 그러나 혼자 있으면 생각하게 되고 사색에 빠지게 되고 글을 읽게 되고 글을 쓰게 되고 나아가 책을 낼 수도 있다. 이런 일련의 일상들은 타인과 함께 있을 때는 쉽지 않다.

혼자 있는 시간은 나를 찾는 것이고 나의 능력을 재발견하는 소중한 기회다. 그러나 혼자 있는 시간은 말로만 찾아지지 않는다. 마지못해 남는 시간 정도의 혼자 있는 시간이 아니라 소중한 시간을 자발적으로 의도적으로 내어야 한다. 일상생활에서 혼자 있는 시간이 당당히 일정표에 정규과목으로 자리 잡아야 한다. 따라서 혼자 있는 시간은 선택과목이 아니라 필수과목이다. 혼자 있는 시간을 이수하지 않으면 인생의 참모습을 찾는 과목에서 과락이다. 그만큼 중요하다는 의미다.

평소에 글을 읽고 글을 쓰기를 즐기는 사람에게는 혼자 있는 시간이 큰 기회다. 생각을 정리하고 사색의 깊이를 더하여 새로운 글을 쓰고 책을 낼 수도 있기 때문이다. 흔히 하는, 시간이 없다는 말 대신에 내 시간을 내어 생산적이고 창의적인 일을 찾아야 한다.

이제는 익숙하지 않는 혼자만의 시간에 익숙해져야 한다.

혼자만의 시간에는 철저히 나만의 시간과 공간을 확보하는 것이 필요하다. 여건이 될 경우에는 별도의 공간이 확보되면 더욱 좋다. 연구실이든 집필실이든 무엇이든 상관없다. 맑은 공기와 풍광이 좋은 곳이라면 말할 나위 없이 좋다. 거기서 혼자만의 몰입 상태를 길게 유지하는 것이 필요하다. 몰입의 시간에 깊은 생각을 할 수 있다. 창조적이고 기발한 아이디어가 솟아나기도 한다. 침잠의 시간 속에서 역작이 나온다.

"항상 너의 삶 위로 한 조각의 하늘을 비워두라."라는 마르셀 프루스트의 말이 있다. 번잡함을 비우고 혼자만의 시간을 강조하는 이유는 무엇인가.

리더의 자리에 오르기까지 달려오기만 한 사람들은 재충전을 해야 한다. 리더의 자리는 고독한 자리다. 혼자서 결단을 해야 하는 자리다. 많은 생각과 사색을 거쳐서 현명하고 합리적인 결정을 내려야 한다. 혼자만의 시간이 없다면 지혜롭고 올바른 결정이 나오기 어렵다. 많은 리더들을 보면 자리는 정상에 있지만 내공이 부족한 경우가 많다. 바쁘다는 이유로 독서와 사색이 부족하기에 지적 수준이 기대에 미치지 못하는 경우도 흔하다. 지적으로 충전하는 것은 틈새 시간이라도 소홀하지 않아야 한다. 리더에게 '지적 충전'은 일상이어야 하고 의무이다. 지적 품격이 있는 리더에게 구성원은 존경을 보내고 그를 본받으려는 내적 욕구를 가지게 된다.

11

독서와 사색은 구성원에 대한 의무다

리더는 말과 글, 커뮤니케이션과 메시지로 의사를 표현한다. 그러나 지식과 사색이 뒷받침되지 않으면 밑천이 드러나게 된다. 정상의 자리에서는, 리더의 자리에서는 결코 방심하지 않아야 한다.

새로운 지식의 습득과 사색의 장에는 지위와 나이가 전혀 무관하다. 가끔 리더나 사회지도급 인사의 말을 들어 보면 한심한 수준인 경우가 있다. 당연히 지식과 학습 그리고 사색이 부족하기 때문이다. 지식 추구를 최고의 기쁨으로 여기는 '학습형 지식인' 이 있는 반면에, 책을 펴고 사색하기보다는 매일 주야로 술잔을 달고 다니는 '주막형 지식인' 이 있다. 술에는 낭만이 있지만 술만으로 책과 사색을 대체할 수는 없다. 반듯한 '지적 교류' 와 흐느적거리는 '술잔 교류' 는 명백히 구분되어야 한다.

올바른 리더는 지적으로 구성원을 압도해야 한다. 지시와 명령으로 구성원을 이끄는 시대는 이미 지났다. 인격과 실력과 내공으로 자발적으로 따르게 해야 한다. 시대정신을 알고 법률과 제도를 이해하며 경제와 산업에 대한 식견도 뛰어나고 첨단기술과 정보통신에도 이해도가 높아야 한다. 그래서 리더에게는 24시간이 부족하기만 하다. 거의 모든 부문에 걸쳐서 상당한 수준의 소양과 지식을 가지고 이를 매일 업그레이드해야만 비로소 리더로서 반듯하게 설 수 있다.

혼자 있는 시간이 무료하여 견디지 못하는 사람들이 있다. 친한 지인들과 함께 있으면 즐거운 일임은 분명하다. 하지만 그들과 하루 내내 함께 할 수는 없다. 혼자 있는 시간에 익숙해져야 한다. 혼자 있는 시간을 행복하게 보내고 만족스럽게 보내야 한다.

혼자 있는 시간을 어떻게 보내느냐에 따라 삶의 질이 달라진다. 따라서 혼자 있는 시간은 매우 소중한 시간이다. 소중한 시간에는 가장 보람이 있는 일을 하고 싶을 것이다. 그것은 책을 읽고 글을 읽고 글을 쓰고 사색하는 것이다.

변하는 세계에서 머물기만 하는 리더는 리더로서의 자격이 없다. 혼자 있는 시간을 일정표에 반드시 자주 넣어야 한다. 그렇지 않은 리더는 리더의 자리를 내려놓는 순간 공허함에 빠질 것이다. 일정에 휘둘리는 리더에게 참신한 아이디어와 미래의 비전이 창출되기는 쉽지 않다.

하루에 저녁식사를 여러 번 한다며 이를 과시하는 리더는 일상이 변해야 한다. 자랑거리가 아니다. 누구를 위하여 그렇게 하는가. 너무 바빠서 어쩔 수 없노라고 할 것이 아니라 스스로 자제해야 한다. 로봇 같은 삶에서 벗어나야 한다. 하루 저녁에도 여러 자리에 불려 다니면서 허우적거리지 말아야 한다. 허우적거리는 생활에 젖은 사람들은 혹시 부르지 않는 날이면 찾아 가느라고 바쁘다. 허우적거림에 깊이 익숙해진 것이다.

이제 달라져야 한다. 리더의 삶은 정신없이 휘돌아가는 삶에서 벗어나야 한다. 리더는 나아감과 멈춤, 쉬어감이 있어야 한다. 독서와 사색이 필요한 이유다.

독서와 사색은 스스로 원하기만 하면 누구든지 누릴 수 있는 취미이고 권리다. 특히 리더에게 독서와 사색은 구성원에 대한 의무이기도 하다. 왜냐하면 독서와 사색을 멀리 하는 리더는 머리가 비게 되어 조직과 구성원에게 비전을 제시하기 어렵고 나아가 위험에 빠뜨릴 수도 있기 때문이다.

독서와 사색은 시간이 나면 잠시 하고 바쁘면 그만두는 그런 허접한 존재가 아니어야 한다. 길게 보면 혼자 있는 시간의 활용 여부에 따라 리더의 능력과 운명이 좌우될 것이다. 독서와 사색이 싫어서 도저히 못 하겠으면 리더의 자리에서 조용히, 하지만 하루라도 빨리 물러나야 한다.

12

가슴으로 사랑해야 한다

"사랑하는 내 딸 영은아, 너는 비록 떠났지만 나는 너를 보낼 수가 없구나!"

2007년, SK텔레콤의 광고에 태풍으로 딸을 잃은 아버지의 애틋한 사연이 소개되어 화제였다. '하늘로 보내는 음성 메시지 편' 이다. 이동통신 기술은 그 무엇으로도 달랠 수 없는 사람들의 아픔과 그리움까지도 어루만져 준다는 의미를 담고 있다.

2003년 9월, 추석연휴에 한반도를 내습한 태풍 매는 사망 · 실종자만 132명으로 마산지역을 중심으로 남동해안을 초토화시켰다.

이 광고는 맏딸과 예비사위를 동시에 떠나보낸 서의호 포항공대 교수의 실화를 담았다. 방송에서 들을 때마다 가슴이 뭉클할 정도로 진한 감동이 밀려왔다. 딸을 향한 아버지의 절절한 심정을 조용한 목소리로 소개하지만 듣는 이에게는 매번 심장을 때리는 아픔으로 감정이입이 되었다. 시간이 지나더라도 가슴을 울리는 최고의 카피다.

당시 서 교수는 딸이 세상을 떠났지만 딸의 모바일 폰 번호를 해지하지 않고 있었다. 딸이 그리울 때마다 음성과 문자 메시지로 하늘나라에 있는 딸에게 안부를 전했다. 목소리라도 한 번 더 듣고 싶고, 꿈에서라도 보고 싶은 아버지의 애타는 심정은 무엇에 비견할 수 있을까. 평생 아픔을 가슴에 묻고 살아가야 하는 아버지는 오늘도 허전한 마음을 달래려 딸의 모바일 폰 번호를 눌러 본다. 광고는 아버지 역을 맡은 모델의 뒷모습을 보여주며 "전할 수 없는 마음까지 전해드리고 싶습니다."라는 멘트로 마무리된다. 애틋한 부녀지간의 정이 가슴깊이 느껴지는 이 광고를 들을 때마다 더할 수 없는 애잔함과 따스함이 다가왔다.

사람들은 언제일지도 모르고 기약조차도 없는 이별에 대하여 마음의 준비를 해야 한다.

좋아하는 사람끼리는 헤어짐이 못내 아쉽겠지만 그렇다고 이별이 다가옴을 막을 수는 없다. 불현듯 예고하지 않고 다가올지도 모르는 이별의 순간에 아쉬움이 덜하려면 함께 있는 시간들을 밀도 있게 보내야 한다. 이별의 순간이 언제 다가올지 예측하기 어려운 것처럼 아쉬움도 계량하기 어려운 정서적 산물이다.

진정한 인간관계를 맺은 경우에 무릇 헤어짐에 아쉬움이 없다면 그것은 거짓일 것이다. 하지만 아쉬움이 지나치게 후회스럽지 않으려면, 언젠가는 다가올 이별을 함께 있을 때부터 담담하게 준비해야 한다.

사람은 만남과 헤어짐을 반복한다. 상봉의 기쁨과 이별의 아픔이 뒤따른다. 이 가운데 인간의 정한(情恨)을 녹여내는 것은 이별이다. 흔히 '생리사별(生離死別)'이라 하여 살아 있는 사람끼리 헤어지게 되는 '생이별'과, 한쪽은 죽고 한쪽만 살아남아 죽은 사람을 그리워하게 되는 '사별(死別)'로 구분하기도 한다.

사람의 힘으로는 어찌할 수 없는 것이 죽음이므로 사별이 생이별에 비해 그나마 빨리 체념할 수 있는 것이라면, 생이별은 헤어지지 않을 수도 있었으리라는 미련 때문에 사별의 애통을 능가하는 깊은 한을 남긴다.

만남은 헤어짐을, 헤어짐은 또 다른 만남을 예정한다.

가족이나 가까운 지인이라도 영원히 함께 할 수는 없다. 평생 아픔이 가슴에 회한으로 남지 않으려면 함께 있는 시간이 소중함을 알아야 한다. 서로에게 정성을 아낌없이 쏟아야 한다. 머리의 사랑이 아니라 가슴의 사랑을 교류해야 한다. 서로에게 지극한 정성을 다하는 것은 매우 감동적이고 자기만족도가 최고의 수준에 이르는 것이다.

헤어진 후 최소의 후회만을 남기려면 함께 있는 시간에 서로 최고의 정성을 다해야 한다.

사랑은 마음을 다하여 정성을 듬뿍 나누는 것이다.

꿈은 키우고 생각은 넓혀라

●
초판 1쇄 발행 ‖ 2017년 11월 5일

●
지은이 ‖ 강인수
펴낸이 ‖ 김종호
펴낸곳 ‖ 밀라그로
주　소 ‖ 경기도 고양시 일산동구 호수로446번길 7-4(백석동)
전　화 ‖ 031) 907-9702
팩　스 ‖ 031) 907-9703
E-mail ‖ milagrobook@naver.com
등　록 ‖ 2016년 1월 20일(제2016-000019호)

●
ISBN ‖ 979-11-87732- 10-5 (03320)